智能会计人才培养新形态系列教材

财务数据可视化

黄　璐　赵盈科　主　编
高恺迪　黄镜霖　副主编

清华大学出版社
北　京

内 容 简 介

随着我国信息化进程的不断加速及大数据和人工智能技术的不断发展，财务人员应全面、深入地分析财务数据，帮助企业预测和防范经营过程中可能遇到的风险。本书分两篇，上篇为理论知识篇，以Power BI为数据分析工具，重点介绍商业智能的基础理论知识和Power BI在数据收集、整理及可视化中的应用；下篇为实战应用篇，通过财务数据案例，详细介绍财务大数据分析和可视化的全过程，并讲解应如何规范地编写企业财务大数据分析报告，以更好地赋能大数据会计人才培养。

本书内容新颖，难易适中，可作为高等院校本科及研究生财会类专业的教材，也可作为企业管理人员的参考书。

本书提供丰富的教学资源，包括但不限于教学课件、操作视频、教学计划、教学大纲。

本书封面贴有清华大学出版社防伪标签，无标签者不得销售。
版权所有，侵权必究。举报：010-62782989，beiqinquan@tup.tsinghua.edu.cn。

图书在版编目(CIP)数据

财务数据可视化 / 黄璐, 赵盈科主编. -- 北京：清华大学出版社, 2024.8. -- (智能会计人才培养新形态系列教材). -- ISBN 978-7-302-66910-4
Ⅰ.F231.2-39
中国国家版本馆CIP数据核字第20240R4C92号

责任编辑：高 屾
封面设计：周晓亮
版式设计：方加青
责任校对：马遥遥
责任印制：宋 林

出版发行：清华大学出版社
网　　址：https://www.tup.com.cn，https://www.wqxuetang.com
地　　址：北京清华大学学研大厦A座　　邮　编：100084
社 总 机：010-83470000　　邮　购：010-62786544
投稿与读者服务：010-62776969，c-service@tup.tsinghua.edu.cn
质 量 反 馈：010-62772015，zhiliang@tup.tsinghua.edu.cn
印 装 者：小森印刷霸州有限公司
经　　销：全国新华书店
开　　本：185mm×260mm　　印　张：11.5　　字　数：252千字
版　　次：2024年9月第1版　　印　次：2024年9月第1次印刷
定　　价：49.00元

产品编号：104159-01

前　言

在这个信息化飞速发展的时代，互联网、移动互联网、云计算、大数据、人工智能等新技术不断涌现，给企业的经营管理方式带来了革命性的影响。新质生产力，是指以信息技术为核心的现代科技，特别是智能化技术在生产过程中的应用，极大地提高了生产效率和产品质量，改变了生产方式和经济结构。党的二十大报告中指出："必须坚持科技是第一生产力、人才是第一资源、创新是第一动力，深入实施科教兴国战略、人才强国战略、创新驱动发展战略，开辟发展新领域新赛道，不断塑造发展新动能新优势。"创新驱动发展战略的核心，就是发挥新质生产力的引领作用，加快传统产业的升级改造，促进新兴产业的蓬勃发展。企业管理者们正面临着如何有效利用这些新技术来提升企业竞争力，同时预见并应对经营过程中可能出现的各种风险的重要课题。

在这样的背景下，财务数据可视化成为企业管理中的一个重要趋势。Power BI作为一款强大的数据可视化工具，能够帮助企业将海量的财务数据转化为直观、易懂的图表和报告，从而提高决策效率和准确性。通过Power BI，企业不仅能够实现数据的实时监控和分析，还能够深入挖掘数据背后的业务逻辑，为企业的战略规划和日常管理提供有力支持。

随着人工智能技术与财务会计的深度融合，财务人员的角色也在发生变化。他们不仅是数字的记录者和报告者，还是业务与财务之间的桥梁，为企业的生产经营提供有效的财务支持。Power BI的应用，使得财务人员能够更加专注于数据分析和业务洞察，而不是烦琐的数据整理工作。企业高层对于管理的实时性和精确性要求日益提高，希望能够随时随地地通过移动设备了解企业的财务状况和业务动态，及时地反映企业经营中可能存在的问题，并预见未来的风险。Power BI的移动应用功能正好满足了这一需求，使得企业高层能够在任何时间、任何地点，快速获取企业的关键数据和分析报告。此外，由于企业业务的扩展和市场经营范围的扩大，跨地域、多组织的运作模式成为许多企业的常态。Power BI的多维度分析和报告功能，能够帮助企业及时有效地反映多组织、多业务单元的经营绩效，为企业的战略调整和资源优化提供数据支持。

本书以Power BI为工具，结合企业实际业务流程，详细介绍如何进行财务数据的可视化分析。本书通过设计具体的企业案例，帮助读者深入理解Power BI在业财融合模式下的应用，以及如何将所学知识应用于企业的实际财务业务中。

本书共分为7章，内容涵盖数据导入、数据清洗、数据建模、图表设计、仪表板创建、报告发布等。同时，为便于教师授课和学生自学，本书提供丰富的教学资源，包括但不限于教学课件、操作视频、教学大纲、教案，读者可通过扫描右侧二维码获取。

教学资源

与市面上现有的同类书籍相比，本书具有以下特点。

(1) 理论够用为度，能力培养为主。本书注重理论与实践的结合，使读者在了解商业智能、数据可视化基础之上，将这些知识应用于实际的数据分析和可视化工作中，从而提高工作效率和决策质量。

(2) 简单易学、易上手。利用Power BI清晰且直观的用户界面，使读者通过拖放等简单操作便可创建数据模型、构建报告和仪表板。教材内容简练不繁杂，易于初学者快速上手。

(3) 结构清晰、内容全面，系统性强。本书按照财务数据可视化的流程设计内容体系，力求全面、系统地介绍Power BI的基本操作、数据分析技术和可视化策略。

(4) 项目驱动学习。通过具体的案例分析，可以使读者借助Power BI软件的各项功能，将所学知识应用于项目中，以实现学习与工作的无缝对接。

(5) 思政引领，紧跟时代发展。本书每一章在案例导入模块配有相关的思政阅读材料，培养学生的社会责任感和家国情怀，同时本书结合财务数据可视化趋势和技术，为读者提供行业信息和发展方向。

(6) 适用于不同层次的读者。无论是Power BI的初学者，还是有一定基础的进阶者，都可以从本书中获得有价值的知识和技能。

本书适合作为高等院校财务管理、会计学、工商管理、信息管理与信息系统等相关专业的本科和研究生教材，也适合作为企业中高层管理人员和信息化主管的参考书使用。我们相信，通过本书的学习，读者将能够更好地利用Power BI这一工具，提升企业的管理水平和竞争力。

本书系2023年广州工商学院校级教材建设项目"财务数据可视化(项目编号：2023JC-11)"、广东省本科高校教学质量工程建设项目"数智财会校企联合实验室"、2023年广东省本科高校教学质量与教学改革工程建设项目"多模态视域下财务数据可视化课程改革与实践"、广州工商学院会计学重点学科项目。本书由广州工商学院的黄璐、赵盈科担任主编，由广州工商学院的高恺迪、黄镜霖担任副主编，广州城市理工学院郑磊老师参与了部分章节内容的编写工作。

本书在编写的过程中，得益于多部优秀财务数据可视化教材的启发，也凝聚了编者们多年的教学经验和心得体会。由于编写水平所限，本书内容难免存在不足之处，恭请广大同仁及读者批评指正。

编者

2024年6月

目　　录

上篇　理论知识

第 1 章　商业智能概论 ··· 2
    1.1　商业智能基础 ··· 3
    1.2　商业智能应用 ··· 5
    1.3　商业智能分析工具 ·· 7
    复习与思考 ·· 9
    参考文献 ·· 9

第 2 章　数据可视化基础 ··· 10
    2.1　数据类型与财务大数据 ·· 11
    2.2　常见的数据分析模型 ·· 13
    2.3　数据可视化的主要内容 ·· 16
    2.4　常见的可视化图表 ··· 19
    复习与思考 ·· 20
    参考文献 ·· 20

第 3 章　Power BI 概论 ··· 21
    3.1　Power BI 简介 ··· 21
    3.2　Power BI 安装 ··· 25
    3.3　Power BI 界面 ··· 28
    复习与思考 ·· 38
    参考文献 ·· 38

第 4 章　Power BI 应用 ··· 39
    4.1　数据获取 ··· 39
    4.2　数据整理 ··· 48
    4.3　数据建模 ··· 73
    4.4　常用公式及函数 ··· 78

  4.5 数据可视化 ………………………………………………………………… 90
  复习与思考 …………………………………………………………………… 126
  参考文献 ……………………………………………………………………… 127

下篇　实战应用

第 5 章　财务数据分析与可视化 ………………………………………………… 130
  5.1 数据获取与整理 …………………………………………………………… 130
  5.2 资产负债表分析与可视化 ………………………………………………… 135
  5.3 利润表分析与可视化 ……………………………………………………… 139
  5.4 现金流量表分析与可视化 ………………………………………………… 141
  5.5 偿债能力分析与可视化 …………………………………………………… 144
  5.6 营运能力分析与可视化 …………………………………………………… 145
  5.7 盈利能力分析与可视化 …………………………………………………… 146
  5.8 杜邦分析与可视化 ………………………………………………………… 148
  复习与思考 …………………………………………………………………… 149
  参考文献 ……………………………………………………………………… 149

第 6 章　企业财务与运营数据可视化分析 ……………………………………… 150
  6.1 销售分析与可视化 ………………………………………………………… 150
  6.2 应收账款分析与可视化 …………………………………………………… 160
  6.3 费用分析与可视化 ………………………………………………………… 163
  6.4 完成度分析与可视化 ……………………………………………………… 166
  复习与思考 …………………………………………………………………… 168
  参考文献 ……………………………………………………………………… 168

第 7 章　在线共享发布 …………………………………………………………… 169
  7.1 分享与协作 ………………………………………………………………… 170
  7.2 移动应用 …………………………………………………………………… 174
  复习与思考 …………………………………………………………………… 176
  参考文献 ……………………………………………………………………… 176

上篇　理论知识

第1章　商业智能概论

【案例导入】

大数据在电商平台的应用

2016年4月，杭州市率先在全国提出建设城市大脑，以城市交通领域为突破口，开启了利用大数据技术破解城市交通拥堵问题的新探索。例如，在2022年高德交通发布的全国50个主要城市拥堵指数排名中，杭州市从2014年的全国第3位下降到2021年的第34位。杭州城市大脑"交通治堵"大数据决策还入选了《2020年联合国电子政务调查报告》中全国三大经典案例之一。在由"摸着石头过河"的局部探索迈向"投着石头过河"的系统实践转变过程中，杭州城市大脑在"交通治堵"领域已经培育出一套集信号灯智能调控、自动监控交通异常事件、特种车辆优先通行等功能为一体的智慧交通大数据决策系统。杭州城市大脑"交通治堵"大数据应用场景是杭州智能交通系统数字化、网联化、协同化发展到一定阶段的表现形式，其大数据应用涉及接入交警卡口、视频监控、信号灯、路面车流等多个设备和交通、城管、建设等多个部门及系统的多源异构数据集，彼此具有关联复杂性。在不断优化市内交通出行方案的过程中，其数据空间扩展历经了一个从数据挖掘到数据识别再到数据赋能的过程，在打通跨部门、跨领域、跨层次的数据孤岛、数据壁垒方面积累了丰富的理论和实践经验。近年来，随着杭州城市大脑"交通治堵"经验的不断积累和应用场景的持续创新，潮汐车道时间设置、紧急车辆道路优化等交通细分领域的应用正逐步走向多元化、深层次，越来越多"沉淀"在交通系统中的数据被不断挖掘、识别和连接，用以更加精确地解决城市交通拥堵问题。习近平总书记在浙江考察期间观看了杭州城市大脑的案例展示，对杭州运用城市大脑推动城市治理体系和治理能力现代化方面的创新举措给予充分肯定，并指出"运用大数据、云计算、区块链、人工智能等前沿技术推动城市管理手段、管理模式、管理理念创新，从数字化到智能化再到智慧化，让城市更聪明一些、更智慧一些，是推动城市治理体系和治理能力现代化的必由之路，前景广阔。"

思政拓展

(资料来源：程聪，严璐璐，曹烈冰.大数据决策中数据结构转变：基于杭州城市大脑"交通治堵"应用场景的案例分析[J].管理世界，2023，39(12)：165-185.)

1.1 商业智能基础

根据麦肯锡全球研究院的数据，在进入互联网时代以后，人类几天时间所产生的数据量就相当于此前上百年时间产生的数据量。如此庞大的数据量，使得企业的数据处理及数据分析能力成为了其独一无二的竞争优势资源。通过商业智能，企业能够迅速降低成本，提高净利润；能够实现产品创新，提高竞争力；能够获得用户的行为特征，赚取高附加值，等等。Amazon、Facebook、Google等互联网巨头都在通过大数据及商业智能分析获益。由此可见，大数据时代下商业智能的重要性日益凸显。

1.1.1 大数据时代的来临

我们身处的这个时代，高速发展、科技日新月异、信息瞬息万变。人与人之间的交流日益密切，生活也愈发便捷。大数据，正是这个时代的产物。它不仅正在影响着我们生活和工作的方方面面，更将在未来发挥举足轻重的作用。

麦塔集团(后被高德纳公司收购)分析员道格·莱尼在2001年的一场演讲中指出，数据增长的挑战和机遇有三个方向：大量(volume，数据规模)、高速(velocity，数据输入输出的速度)、多变(variety，数据类型的多样性)，合称"3V"或"3Vs"。2012年，高德纳公司修改了大数据的定义："大数据是大量、高速及多变的信息资产，需要新型的处理方式去促成更强的决策能力、洞察力与最优化处理。"现今大数据产业中的大部分公司都使用"3V"来描述大数据。

1. 大量

顾名思义，大数据的规模相当庞大。以百度搜索引擎为例，有资料显示，为了在首页向目标用户提供更精准的个性化网站导航和信息推送，百度每天需要挖掘的数据超过1.5PB(1PB=1024TB)，这些数据如果打印出来，将超过5000亿张A4纸；如果把这些纸张连接起来，可绕地球上万圈。到目前为止，人类产生的所有印刷材料的数据仅为200PB，只相当于百度在130多天中挖掘的数据总量。

2. 高速

大数据区别于传统数据的最显著特征是它往往以数据流的形式动态、快速地产生，具有很强的时效性。只有掌控好数据流，才能有效利用这些数据。

3. 多变

传统意义上的数据是结构化的，便于存储和分析，大数据时代需要处理的则是文字、图片、视频、音频、地理位置等种类多样的半结构化和非结构化数据。在现代互联网世界中，半结构化和非结构化数据已经占据了整个数据量的绝大部分，高达95%以上，这无疑对数据的处理能力提出了更高要求。

大数据的难题是在众多数据中有价值的数据并不多，即"数据价值密度低"。所谓的海量数据，其实大多是未经过处理的原始数据，需要经过不断筛选、处理、分析，我们才能获得有效的数据。有价值的数据往往隐藏在看似并不重要的数据背后，以视频为例，摄像头不间断地监控一小时所获得的视频，其中有用的数据可能仅有一两秒。

总而言之，在大数据时代，人们的一举一动都在产生海量的数据。其中，不仅包含数字的信息，而且隐含着规律和知识。这些规律和知识并不是显而易见的，而是需要通过深度的挖掘与分析才能获得的，商业智能便应运而生。

1.1.2 商业智能技术

商业智能(business intelligence，简称BI，又称商业智慧或商务智能)技术，是现代企业满足大数据管理、分析需求的得力助手。它不仅能高效地展现数据发展变化的趋势，还能挖掘数据中有价值的信息，快速完成最新业务数据分析，推动企业发现更多见解，为企业管理和长远发展提供决策支持。

1. 商业智能技术发展概况

在日常工作中，我们每天都会收到同事发来的各种类型的数据，包括报表、电子表格、含图表的电子邮件。随着企业的发展，数据越来越多，在需要时快速找到所需数据变得更加困难。数据太多会增加使用的风险，具体表现为数据更新不够及时，大数据维护困难；业务数据问题不能及时、直观地呈现，分析维度不能根据业务需求灵活调整；数据分享安全控制困难。

商业智能领域相关产品技术已经进行了几代更新，从早期的技术人员利用程序语言定制开发的报表，到自助式分析工具应用，再到现在流行的数据分析可视化工具，总体经历了三代技术更新。

2. 数据可视化解决方案介绍

第三代商业智能技术包括的数据可视化是指将经过采集、清洗、转换、处理过的数据映射为图形、图像、动画等可视化的形式，并可以进行多维度、多层次的交互分析，通过直观的可视化方式发现数据蕴含的规律和特征，从而实现对复杂数据进行深入洞察。

Gartner，作为全球领先的IT研究与顾问咨询公司，每年2月都会发布分析和商业智能平台"魔力象限"。目前，在商业智能可视化分析领域领先的是Microsoft、Tableau和Qlik。

这些商业智能平台共有的特点如下：

- 自助式数据分析能力，彻底摆脱技术制约；
- 多维度、多层次的深度分析，支持交叉筛选与交互式分析；
- 炫酷且实用的可视化效果；
- 数据导出功能，轻松导出可视化图表背后的数据；
- 提供数据分析报告，用数据讲故事。

商业智能可视化效果如图1-1所示。

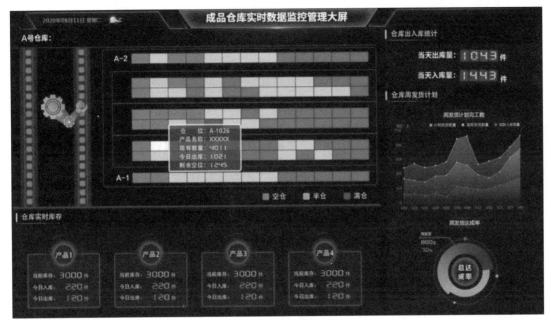

图1-1 商业智能可视化效果图

1.2 商业智能应用

1.2.1 商业智能的应用价值

商业智能可以帮助管理者减少收集、处理信息的时间,使管理者能把更多精力用在决策上。商业智能的应用价值主要体现在以下几个方面。

1. 增强业务洞察能力

商业智能可以减少经营者收集数据、获取信息所花费的时间,加速决策过程,使正确的信息于正确的时间在信息系统中流向各类相关人员。决策者通过监控关键绩效指标(key performance indicator,KPI),掌控业务执行的状况,以便及时调整策略。例如,管理者通过KPI监控销售人员最新的销售信息、任务额信息和任务完成度信息,可随时掌握企业的营收完成情况。

2. 优化企业营销策略

企业通过构建商业智能分析模型,可以深入挖掘消费者行为,从而制定适当的营销策略。"啤酒和尿布"的故事,就是著名的零售企业沃尔玛通过商业智能分析发现了尿布销售额和啤酒销售额具有一定的相关性,于是管理层做出决策,将尿布和啤酒这两种看上去不相关的商品摆放在一起销售,从而提高企业的销售业绩。

3. 提高市场响应能力

企业借助商业智能的大数据整合能力,将行业信息、政策法规等信息融入商业智能系统，通过适当的模型以预测市场变化，精简流程，确定需要改进的环节，从而适应外部环境的变动。

4. 加强风险管理能力

企业可通过商业智能风险预警模型，发现企业存在的潜在风险，如经营风险、财务风险、纳税风险等。当出现这些风险预警时，企业可随时调整其经营策略来应对、规避、降低各类风险。例如，就贷款业务而言，银行可以应用数据挖掘技术对客户进行信用分析，发现其中的欺诈行为特征，作为有效的预警机制，在源头上为银行减少了潜在的损失。

5. 改善客户关系管理

很多企业正在逐渐由"以产品为中心"转化为"以客户为中心"。企业应用商业智能中的在线分析处理和数据挖掘等技术，对客户的交易记录等相关资料进行处理与挖掘，并对客户行为进行分类，然后针对不同类型的客户制定相应的服务策略。这类应用就叫作"客户智能"。例如，电信企业利用分析模型对客户行为、信用度等进行评估，为不同类型的客户提供有针对性的服务，从而提高客户的满意度和忠诚度。

1.2.2 商业智能的利器——图表

在这个信息激增的时代，人们每天接收到的信息严重过载，在这样的环境中，许多人失去了一字一句阅读的耐心，能被人看完的信息已经不多，能有效传达并被人记住的信息更是少之又少。在美国著名营销专家艾·里斯和杰克·特劳特合著的营销理论经典《定位》一书中提出了提升信息传达效果的解决之道："在我们这个传播过度的社会里，最好的办法是传送极其简单的信息。你必须把你的信息削减了，好让它钻进人们的头脑，你必须消除歧义、简化信息，如果想延长它给人留下的印象，还得再简化。"

以如今的职场为例，尽管在各种展示、宣讲、汇报中用数据说话已经蔚然成风，但是相信很多职场人士在应用数据时都遇到过以下一些困境。

- 数据过于枯燥，难以引起受众的兴趣。
- 数据过于分散，难以有效利用。
- 数据过于庞大且质量参差不齐，难以挖掘到有价值的信息用于支撑观点或辅助决策。

想要简化数据并快速挖掘有价值的信息，图表是一种非常有效的方式，它能帮助企业更好地分析现状的本质，合理地预测未来，做出科学的经营决策。

图表以视觉化的方式呈现数据，将数据化繁为简，更易于理解和记忆，并使其更具说服力。和数据信息相比，图表具有以下特点。

1. 加速理解

对大脑的相关研究发现，大脑传输的信息中有90%是图像等视觉化的信息，大脑约有一半功能用来处理这类信息。大脑对图像和文本的处理方式也不同，处理图像的速度远远快于处理文本的速度。这就是"一图胜千言"的背后隐藏的科学道理。因此，图表能加快人们对数据信息的理解。

2. 化繁为简

当各类数据间的关系纷繁复杂时,使用图表以简洁的方式呈现数据,能帮助人们发现其中的关联,进而拓展思路,获得更多灵感,赋予数据更多的内容和意义。

3. 强化记忆

有研究发现,彩色图像能够显著提升人们的阅读意愿,由此引发的主动阅读相较于被动阅读,在记忆效果上有着显著的优越性。同时,视觉信号留存的时间也更长久。人们对于亲眼所见和亲身经历的事情能记住90%,通过阅读文字能记住的只有20%,而对于听过的事情则只能记住10%。可见,使用美观的图表能更好地吸引眼球并强化记忆。

4. 说服力强

有研究发现,通过演讲的方式能打动50%的观众,而通过视觉信息的展示能打动观众的比例则提升至67%。因此,合理利用图表能增强报告、演讲等的说服力。

5. 预测未来

预测在选举、体育、娱乐等领域被广泛地应用。在现代社会中,预测是基于过去和当前的历史资料,借助一定的逻辑推理和科学方法,对事物未来可能的发展趋势进行预计和推测。图表是在预测时经常使用的一种工具,对于直观地观察事物发展方向或发展趋势有很大帮助。如图1-2能很直观地反映出2016—2020年我国老龄人口增长趋势。

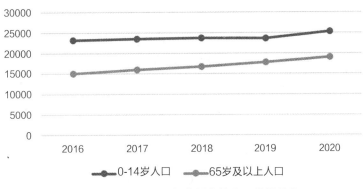

图1-2　2016—2020年中国老龄人口增长趋势

1.3 商业智能分析工具

自助式商业智能分析工具不再只面向IT部门的技术人员,而是面向更多不具备IT背景的业务、财务分析人员。与传统商业智能分析工具相比,自助式商业智能分析工具更灵活,并且更易于使用。下面介绍几种常用的自助式商业智能分析工具。

1. Power BI

Power BI是微软官方推出的可视化数据探索和交互式报告工具。Power BI能让静态数据转化为动态报表,是让非专业数据分析人员也能有效整合企业数据,并快速准确地进行商业智能分析的数据可视化"神器"。

Power BI应用包括Windows桌面应用程序(Power BI Desktop)、云端在线服务(Power BI Online-Service)和移动端应用(Power BI Mobile)。

2. Tableau

Tableau是一个可视化分析平台。它改变了使用数据解决问题的方式,使个人和组织能够充分利用自己的数据。作为现代商业智能市场的领先产品,Tableau分析平台使人们更加轻松地探索和管理数据,更快地发现和共享各种有价值的见解。

Tableau是斯坦福大学一个计算机科学项目的成果。该项目旨在改善分析流程,并让人们通过可视化技术更轻松地使用数据。自成立以来,Tableau公司一直不断地进行研发投资,开发各种解决方案来帮助需要使用数据的人们更快地找到答案,发现意想不到的见解。Tableau在2019年被Salesforce收购,但其使命不变:帮助人们查看并理解自己的数据。

Tableau以其简单易用、极速高效、视图美观、轻松实现数据融合等优势,帮助人们使用数据推动变革,其家族产品包括Tableau Desktop、Tableau Server、Tableau Online、Tableau Public和Tableau Reader。

3. FineBI

FineBI是帆软软件有限公司推出的一款商业智能产品。业务人员使用该产品可以自主分析企业的信息化数据,帮助企业发现并解决存在的问题,协助企业及时调整策略,做出更好的决策,增强企业的可持续竞争力。FineBI定位于自助式大数据分析工具,能够帮助企业的业务人员和数据分析师开展以问题为导向的探索式分析。

FineBI产品的优势在于:业务人员和数据分析师可以自主制作仪表板,进行探索分析;数据取自业务,并应用于业务,让需要分析数据的人可以自主处理、分析数据。

FineBI的系统构架包括4个部分。

(1) 数据处理。数据处理服务用来对原始数据进行抽取、转换、加载,并为分析服务生成数据仓库FineCube。

(2) 即时分析。业务人员和数据分析师可以快速创建图表使数据可视化,还可以添加过滤条件筛选数据并即时排序,使数据分析更加快捷。

(3) 多维度分析。FineBI可以提供各种分析挖掘功能和预警功能,如任意维度切换、添加,多层钻取、排序、自定义分组、智能关联等。

(4) 仪表盘(dashboard)。仪表盘可以提供各种样式的图表服务,配合各种业务需求展现数据。

4. Smartbi

Smartbi是思迈特软件公司旗下的产品,可以满足客户对企业级报表进行数据可视化分析、自助分析、数据挖掘建模、AI智能分析等方面的需求。Smartbi软件在国内商业智能领域处于领先地位,产品广泛应用于金融、制造、零售、地产等众多行业。

Smartbi产品系列主要包括四大平台。

(1) 大数据分析平台。大数据分析平台可以对接各种业务数据库、数据仓库和其他大数据分析平台，对数据进行加工处理、分析挖掘和可视化展现，满足客户的各种数据分析应用需求，如可视化分析、探索式分析、复杂报表、应用分享等。

(2) 数据化运营平台。数据化运营平台可以为业务人员提供企业级数据分析工具和服务，满足不同类型业务客户的需求，还可以在Excel或者浏览器中实现全自助的数据提取、数据处理、数据分析和数据共享服务，具有很强的实用性。

(3) 大数据挖掘平台。通过深度数据建模，大数据挖掘平台可以为企业提供预测能力支持、文本分析、五大类算法和数据预处理功能，并为客户提供流程式建模、拖曳式操作和可视化配置体验等一站式服务。

(4) SaaS分析云平台。SaaS分析云平台是全新一代云端数据分析平台，可以提供快速搭建数据分析应用的自助式服务，还可以分享深刻见解，提升团队的决策能力。

复习与思考

请从Power BI、Tableau、FineBI、Smartbi官方网站上查找一个商业智能应用的典型案例，仔细研究该案例，并将研究成果制作成PPT与大家分享。

建议：可以从项目背景、项目目标、技术构架、建设方案、项目价值等方面制作PPT，读者也可根据研究案例的特点自行设计。

参考文献

[1] Jean Piaget. Intellectual evolution from adolescence to adulthood[J]. Human Development，1972(15)：40-47.

[2] 任磊，杜一，马帅，等. 大数据可视分析综述[J]. 软件学报，2014(9)：1909-1936.

[3] 王志权. 大数据时代与企业财务管理转型[J]. 财务与会计，2014(6)：74-75.

[4] 艾达. 数据产品设计[M]. 北京：电子工业出版社，2017.

[5] 朱锴剑. 大数据下企业财务数据可视化的应用现状与趋势探析[J]. 中国总会计师，2023，(05)：114-116.

[6] 陈虎，朱子凝. 数据可视化的财务应用研究[J]. 财会月刊，2022(16)：120-125.

第 2 章　数据可视化基础

【案例导入】

从数据可视化看中国的脱贫之路

　　在改革开放的初期，中国曾是世界上贫困人口最集中的国家。2020年，中国已实现现行标准下农村贫困人口的全面脱贫。世界上没有哪个国家能在如此短的时间内帮助那么庞大的人群摆脱贫困。

　　1978年，按当时每人每年收入100元的农村贫困标准，中国有2.5亿人口生活在这一水平之下。

　　到2008年，中国贫困标准提升至每人每年1196元，比1978年翻了近11倍，贫困人口数量减至4007万人。中国贫困标准变化如图2-1所示。

图2-1　中国贫困标准变化图

在我国，对"贫困"的衡量标准是每人每天摄入2100大卡热量。2100大卡换算成一篮子食物，现在大约可以包含1斤粮食、1斤蔬菜、1两肉或1个鸡蛋。1978年，广大农民的餐桌上多是粗粮，鲜有肉蛋，食物支出占总支出比重85%以上。到了2008年，贫困人口饮食结构发生明显改变，可以实现"有吃、有穿"，基本满足温饱，食物支出占比降至60%左右。

思政拓展

(资料来源：国家乡村振兴局. 数据可视化：摆脱贫困，中国这样走过[EB/OL]. https://www.nrra.gov.cn/art/2021/2/24/art_624_187378.html, 2021-02-23.)

2.1 数据类型与财务大数据

大数据本身是一个比较抽象的概念，单从字面来看，它表明数据规模庞大。麦肯锡在其报告《大数据：创新、竞争和生产力的下一个前沿》(Big data：The next frontier for innovation，competition and productivity)中给出的大数据定义是：大数据指的是无法通过传统的数据库工具获取、存储、管理和分析的大小超出常规的数据集。它同时强调，并不是说一定要超过特定TB值的数据集才能算是大数据。维基百科对"大数据"的解读是：大数据(big data)，或称巨量数据、海量数据、大资料，指的是所涉及的数据量规模巨大到无法通过人工在合理时间内截取、管理、处理，并整理成为人类所能解读的信息。

大数据具有4V特征：规模性(volume)、多样性(variety)、高速性(velocity)、价值性(value)。随着信息化技术的高速发展，数据开始爆发性增长。大数据的规模性指的是人们对大数据中的数据不再以GB或TB为单位来衡量，而是以PB(1000个T)、EB(100万个T)或ZB(10亿个T)为单位计量。大数据的多样性则体现在数据来源多、数据类型多和数据之间关联性强这三个方面。大数据的高速性是大数据区别于传统数据挖掘最显著的特征，一方面，大数据的数据规模更大；另一方面，大数据对处理数据的响应速度有更严格的要求，包括实时分析而非批量分析，数据输入、处理与丢弃即刻见效，几乎无延迟等。数据的增长速度和处理速度是大数据高速性的重要体现。大数据的价值性体现在其能够从海量、多样且看似互不相关的数据中，挖掘出对未来趋势与模式预测分析有价值的信息。这一过程借助了机器学习方法、人工智能方法或数据挖掘方法进行深度分析。随后，将这些分析结论应用于农业、金融、医疗等多个领域，从而创造出更大的价值。例如，美国社交网站Facebook有10亿用户，网站对这些用户信息进行分析后，广告商可根据分析结果精准投放广告。对广告商而言，10亿用户的数据价值上千亿美元。

2.1.1 数据类型

数据是一种对客观事物的逻辑归纳，是事实或观察的结果。随着科学技术的发展，凡是可以电子化记录的都是数据，如社交网络产生的社交数据、购物网站产生的大量客户及购物数据、物联网技术催生的车联网数据，等等。数据的内涵越来越广泛，不仅包括像GDP(国内生产总值)、股市指数、人口数量等数值型数据，还包括文本、声音、图像、视频等非数值型数据。数据类型有三种常见的分类方法，分别是按结构属性分类、按连续特征分类与按测量尺度分类。

1. 按结构属性分类

按结构属性分类，数据可分为结构化数据与非结构化数据。它们不仅存储形式不同，在数据处理和数据分析的方法上也大相径庭。

(1) 结构化数据通常是指存储在数据库里，可以用二维表结构来表示的数据。从数据存储角度看，Excel表格数据、SQL Server数据库和Oracle数据库中的数据，都是结构化数据；从应用的角度看，企业ERP系统数据、企业会计信息系统数据、银行交易记录数据等，也是结构化数据，它们大多存储在大型数据库中，用户可以方便地检索、分析和处理。

(2) 非结构化数据通常是指不能用二维表结构来表示和存储的数据。相对于结构化数据而言，非结构化数据没有统一的规则，涉及音(视)频、图片、文本等形式。例如，利用一定手段从网站抓取的新闻数据、某个电影的评价数据等，都需要通过一定的方法，将这些数据量化为结构化数据，才能进行有效的分析。

2. 按连续特征分类

按连续特征分类，数据可分为连续型数据与离散型数据。连续型数据与离散型数据的区别，可以用线、点来区分理解。

(1) 连续型数据是指在一定区间内可以连续取值的数据，如人的身高、体重数值，气温度数，电影票房收益等。

(2) 离散型数据也被称为不连续数据，其取值只能用自然数或整数表达，如硬币的正反面取值、某人的学历取值等。

3. 按测量尺度分类

按测量尺度分类，数据可分为定类数据、定序数据、定距数据和定比数据4类。

(1) 定类数据表现为类别，用于标识数据所描述的主体对象的类别或者属性名称。定类数据只能用来标识事物类别或名称，不区分顺序，无法描述大小、高度、重量等信息，不能进行任何运算，包括比较运算。比如，人的性别分为男性和女性两类，量化后可分别用0和1表示；企业按行业分类，分为旅游业、教育业、制造业、建筑业、金融业等，分别用数字1，2，3，4，5表示。这些数字只是代号，不能区分大小或进行任何数学运算。

(2) 定序数据表现为类别，但有顺序，也称为序列数据，用于对事物所具有的属性按顺序进行描述。定序数据虽然可以用数字或者序号来排列，但并不代表数据的大小，只代表数据之间的顺序关系。例如，人的受教育程度分为高中毕业、大学本科毕业、硕士研究生毕业、博士研究生毕业，分别用1，2，3，4表示，这些只代表顺序，按照大小正序排列，但不能进行计算。定序数据不仅具有定类数据的特点，可以将所有的数据按照互斥穷尽原则(MECE原则)加以分类，而且各类型之间具有某种意义上的等级差异，从而形成一种确定的排序。

(3) 定距数据是由定距尺度计量形成的，表现为数值，可以进行加减运算，但不能进行乘除运算。定距数据没有绝对零点，比如温度计的零点是人为指定的，并不能说20℃就是10℃的两倍，但可以说20℃比10℃高10℃。

(4) 定比数据是由定比尺度计量形成的，表现为数值，既可以进行加减运算，也可以进行乘除运算。定比数据代表数据的最高级，既有测量单位，也有绝对零点(可以取值为0)。比如，小明的体重是60千克，小刚的体重是30千克，我们可以说小明的体重是小刚体重的2倍。

由此可见，定类数据和定序数据表现为类别，属于定性数据；定距数据和定比数据表现为数值，属于定量数据。

2.1.2 财务大数据

关于企业财务大数据的界定，学术界各持不同的观点。本书作者认为，企业的财务大数据主要包括企业内部数据和企业外部数据两种。

(1) 企业内部数据。企业内部与财务相关的大数据主要来自ERP系统或会计信息系统中的财务、业务数据，例如用友U8、金蝶K3、SAP等系统中的数据，以及存储在Access、SQL Server、Oracle等数据库中的数据。在做数据分析时，我们需要将这些数据从信息系统中导出。

(2) 企业外部数据。企业外部与财务相关的大数据主要包括政策法规文件、行业数据、客户(供应商)数据、国家统计数据等。

2.2 常见的数据分析模型

我们在做数据分析时，会用到许多分析模型。常见的数据分析模型有以下几种：用于企业战略分析的SWOT分析模型；用于外部宏观环境分析的PEST分析模型；用于外部微观环境分析的波特五力模型；用于厘清业务问题思路的逻辑树模型；用于市场营销的4P模型。

2.2.1 SWOT分析模型

SWOT分析法也叫态势分析法，20世纪80年代初由美国旧金山大学的管理学教授韦里克提出，经常被用于企业战略制定、竞争对手分析等场合。

SWOT分析模型是产业研究中最常用的分析工具之一，是对企业内部的优势(strength)与劣势(weakness)、外部环境的机会(opportunity)与威胁(threat)进行综合分析，并结合企业的经营目标对备选战略方案做出系统评价，最终制定出一种正确的经营战略，如图2-2所示。

图2-2 SWOT分析模型

2.2.2 PEST分析模型

PEST分析模型是战略咨询顾问用来帮助企业分析其外部宏观环境的一种方法。宏观环境又称一般环境,是指影响一切行业和企业的各种宏观力量。不同行业和企业会根据自身特点和经营需要对宏观环境因素进行分析,虽然分析的具体内容会有差异,但一般都应对政治(politics)、经济(economic)、社会(society)和技术(technology)这四大类影响企业的主要外部环境因素进行分析。

(1) 政治环境。政治环境主要包括一个国家的社会制度,执政党的性质,政府的方针、政策、法令等。

(2) 经济环境。经济环境主要包括宏观和微观两个方面的内容。宏观经济环境主要指一个国家的人口数量及其增长趋势,国民收入、国内生产总值及其变化情况,以及通过这些指标能够反映的国民经济发展水平和发展速度。微观经济环境主要指企业所在地区或所服务地区的消费者的收入水平、消费偏好、储蓄情况、就业程度等因素。这些因素直接决定着企业目前及未来的市场规模。

(3) 社会环境。社会环境包括一个国家或地区的居民受教育程度和文化水平、宗教信仰、风俗习惯、价值观念等。

(4) 技术环境。技术环境除了包括与企业直接相关的技术手段的发展变化外,还包括:①国家对科技开发的投资和支持重点;②该领域技术发展动态和研究开发费用总额;③技术转移和技术商品化速度;④专利及其保护情况等。

2.2.3 波特五力模型

波特五力模型由美国管理学家迈克尔·波特(Michael Porter)于20世纪80年代初提出,是企业制定竞争战略时经常利用的战略分析工具。波特五力分析属于外部环境分析中的微观环境分析，主要用来分析本行业的企业竞争格局，以及本行业与其他行业之间的关系。

根据波特的观点，一个行业中的竞争，不只是在原有竞争对手之间进行，而是存在5种基本的竞争力量(供应商的议价能力、购买者的议价能力、潜在进入者的威胁、替代品的威胁、行业内现有竞争者的竞争能力)，这5种竞争力量的状况及综合强度决定着行业的竞争激烈程度。5种力量的不同组合变化，最终影响行业利润潜力的变化。波特五力模型如图2-3所示。

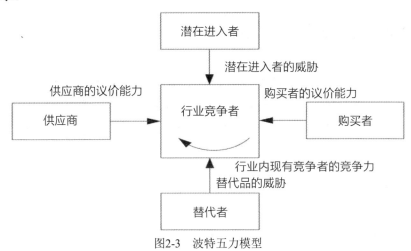

图2-3　波特五力模型

2.2.4　4P模型

4P模型产生于20世纪60年代的美国，是随着营销组合理论的提出而出现的。营销组合实际上有几十个要素，杰罗姆·麦卡锡于1960年在其《基础营销》一书中将这些要素概括为4类：产品(product)、定价(price)、渠道(place)、推广(promotion)，即著名的4P模型(见图2-4)。1967年，菲利普·科特勒在其畅销书《营销管理：分析、规划与控制》中进一步确认了以4P为核心的营销组合方法，具体分析如下。

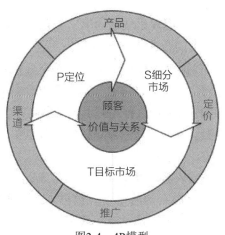

图2-4　4P模型

(1) 产品：注重产品开发，要求产品有独特的卖点，把产品的功能诉求放在第一位。

(2) 定价：根据市场定位，制定价格策略。

(3) 渠道：企业并不直接面对消费者，而是注重经销商的培育和销售网络的建立，企业与消费者的联系是通过分销商来进行的。

(4) 推广：企业注重通过销售行为的改变来刺激消费者，以短期行为(如打折、买一送一等)吸引其他品牌的消费者或促进提前消费，从而获得销售的增长。

2.3 数据可视化的主要内容

可视化主要是借助图形化手段，清晰、有效地传达与沟通信息。数据可视化技术是信息可视化的一个重要分支，它将海量数据转化为图形的形式，让数据更加直观、易懂。数据可视化技术基于大数据、人机交互、计算机图形学等学科，涉及信息可视化、可视分析、虚拟现实等领域。

2.3.1 数据可视化概述

1. 数据可视化的定义

数据可视化是关于数据视觉表现形式的科学技术。

人类从外界获取的信息中，有83%来自视觉，11%来自听觉，6%来自其他。由此可见，视觉是获取信息最重要的通道，超过50%的人脑功能用于视觉的感知，包括解码可视信息、高层次可视信息处理和思考可视符号。可视化是一种映射，可以把客观世界的信息映射为易于被人类感知的视觉模式。这里的视觉模式指的是能够被感知的图形、符号、颜色、纹理等。数据可视化就是将工作中处理的各类数据映射为视觉模式，来探索、解释隐藏在数据背后的信息，在保证信息传递的基础上寻求美感，用数据讲"故事"。因此，数据可视化既是一门科学，又是一门艺术。

2. 数据可视化的过程

(1) 数据获取和格式化：数据可视化技术的第一步是从原始数据源中获取数据，并将其进行格式化和清洗，以便后续的数据处理和分析。

(2) 数据分析和处理：在数据可视化技术中，数据分析和处理是非常重要的一步。通过分析数据可以得出数据的规律、趋势、偏差等，有助于数据决策和预测。

(3) 数据可视化：数据可视化是将数据通过图形形式展示出来的过程。不同的可视化形式可以呈现不同类型的数据信息，如柱状图、饼图、散点图、直方图等。

3. 数据可视化的作用

数据可视化的作用包括数据表达、数据操作和数据分析。

(1) 数据表达是数据可视化最原始的作用。数据表达常见的形式有文本、图表、图像、地图等。有些时候，用可视化形式比文字形式表达更直观，更易于理解。借助有效的图形，可以在较小的空间中呈现大规模的数据。

(2) 数据操作是以计算机提供的界面、接口等为基础来满足人与数据的交互需求的。

当前基于可视化的人机交互技术发展迅速，包括自然交互、可触摸、自适应界面和情景感应等在内的多种新技术极大地丰富了数据操作的方式。

(3) 数据分析的任务通常包括定位、识别、区分、分类、聚类、分布、排列、比较和关联等。将信息以可视化的方式呈献给客户，可以直接提升客户对信息认知的效率，并引导客户从可视化结果中分析、推理出有效信息，帮助人们挖掘数据背后隐藏的信息与客观规律，有助于知识和信息的传播。

2.3.2 数据可视化的基本原理

了解人类视觉的工作原理可以帮助我们更好地理解可视化技术和设计可视化图表。

1. 格式塔原理

格式塔原理产生于1912年，由三位德国心理学家创立，旨在解释人类视觉的工作原理。由他们组成的研究小组观察了许多重要的视觉现象，其中最基础的发现是人类视觉是整体的：我们的视觉系统自动对视觉输入构建结构，并在神经系统层面上感知形状、图形和物体，而非只看到互不相连的边、线和区域。

格式塔原理可以帮助我们理解如何通过视觉认识周围世界的规则，解释在呈现图形元素时人类有组织感知的模式和对象。

格式塔原理由一个基本点、两个假设和5个原则组成。一个基本点是指人类的视觉是整体的。两个假设分别是捆绑假设和关联假设。捆绑假设认为每个复合体都是由基本内容和片段组成的；关联假设则认为，如果任意对象或场景频繁与另一对象或场景一同出现，那么人们通常倾向于在其中一个对象或场景出现时召唤另一个。5个原则分别为相似性、闭合性、接近性、连续性、图形与背景关系原则，具体如下。

(1) 相似性：如果其他因素相同，那么相似的元素看起来归属同一组。

(2) 闭合性：如果元素属于封闭图形的一部分，视觉系统通常自动将其感知为一个整体。

(3) 接近性：距离相近的元素通常被认为属于同一组。

(4) 连续性：如果定向的单元和组是相互连接在一起的，视觉上通常视为一个整体。

(5) 图形与背景关系：元素被视为图形(视觉焦点)或背景(图像中的背景)。

2. 视觉编码

视觉编码 (visual coding)是指在个体接收外界信息时，对外界信息的视觉刺激进行编码，如：对颜色、数字、字母、图形等视觉刺激的信息进行编码。

1967年，雅克·贝尔丁(Jacques Bertin)出版的《图形符号学》(*Semiology of Graphics*)一书提出了图形符号与信息的对应关系，奠定了可视化编码的理论基础。Bertin 视觉编码也叫作 Bertin 视觉变量，包括7个变量，分别是位置、大小、形状、数值、色相、方向和纹理，如图2-5所示。

(1) 位置(position)：根据位置的不同，判断趋势和群组。

(2) 大小(size)：通过图形的大小，反映某一变量取值的大小。

(3) 形状(shape)：形状不同，表示不同的分组。

(4) 数值(value)：指颜色的饱和度数值。同一颜色的饱和度不同，则变量的取值不同。

(5) 色相(color)：也指色调，即颜色。颜色不同，分组不同。

(6) 方向(orientation)：表示趋势的不同，也可用作比较。

(7) 纹理(texture)：表示分组的不同，与色相类似。

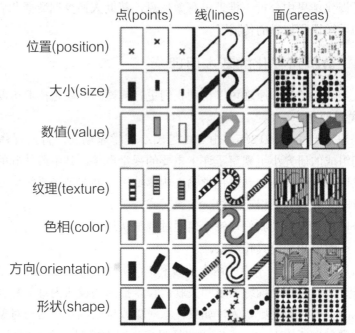

图2-5　Bertin视觉编码

2.3.3　数据可视化的运用场景

数据可视化技术在现代社会中已经被广泛应用在各种领域中。下面列举数据可视化技术的几个应用场景。

(1) 商业决策：在商业领域，数据可视化技术被广泛应用于数据分析和商业决策。通过可视化的方式显示商业数据，有助于管理者更好地理解业务状况和做出合理的决策。

(2) 健康医疗：在健康医疗领域，数据可视化技术可以被用于监测和分析人体健康状况，通过可视化的方式可以更好地展示人体的健康信息，有助于医生更好地理解患者的病情并采取相应的治疗措施。

(3) 社交网络：在社交网络领域，数据可视化技术可以被用于分析用户的行为模式、发现用户的兴趣爱好，由此进行个性化推荐、朋友圈分析等。

(4) 城市规划：在城市规划领域，数据可视化技术可以被用于分析城市中的流量、污染等数据，从而指导城市规划和设计，推动城市的可持续性发展。

(5) 智能交通：在智能交通领域，数据可视化技术可以被用于辅助交通路线规划、拥堵状况监测、交通事故预测等，提高交通的安全性和便利性。

2.4 常见的可视化图表

在进行数据可视化分析时,我们能选择的图表类型非常多,能否正确地选择图表类型对信息表达有很大的影响。在做图表之前需要了解每个图表的特性,并思考两个问题:

(1) 数据想要展示什么?
(2) 想要表达什么?

通常来讲,数据的展示分为比较、序列、描述、构成4种。随着数据可视化的发展及基础图形的扩充,Smartbi专家团整理了一份"图形选择决策树",可供读者参考,如图2-6所示。

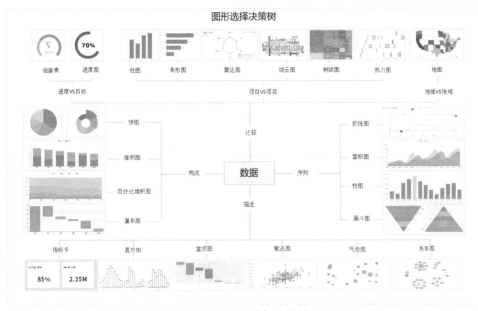

图2-6 图形选择决策树

在进行数据可视化时,用户究竟选择哪种图表更能呈现数据背后的含义,并精准传递数据信息,根据实际运用效果,总结出表2-1,以供选择时参考。

表2-1 图表选择参考表

分类	子分类	图表	解释
比较	实际值与目标值对比	仪表图、码表图	实际值与目标值的比较,关注目标值的完成情况
		进度图	实际值相对于目标值的占比情况
	项目与项目对比	柱形图	适合1~2个维度数据的比较(数据不多时适用)
		条形图	适合1~2个维度数据的比较(数据较多时适用)
		雷达图	适合3个或更多维度数据的比较
		词云图	提取高频文本,过滤低频文本
		树状图	用矩形大小比较同维度下不同的数据
		热力图	通过颜色深浅来表示两个维度数据的大小
	地域与地域对比	地图	不同地域间的数据比较,点越大,数值越大

续表

分类	子分类	图表	解释
序列	连续、有序类别的数据波动(趋势)	折线图 面积图 柱形图	显示随时间变化的数据；折线图和面积图可以用于展示多个维度的变化数据
	各个阶段递减过程	漏斗图	将数据自上而下分为几个阶段，每个阶段的数据都是整体的一部分
描述	关键指标	卡片图	突出显示关键数据
	数据分组差异	直方图	将数据根据差异进行分类
	数据分散	箱线图	展示数据的分散情况(最小值、中位数、最大值等)
	数据相关性	散点图 气泡图	识别变量之间的关系
	人或事物之间的关系	关系图	表示人或事物之间的关系
构成	占比	饼图 环形图 南丁格尔玫瑰图	展示某一维度下不同数据的占比情况
	多类别部分到整体	堆积图 百分比堆积图	展现多个维度下某一维度不同数据的部分和整体情况
	各成分分布情况	瀑布图	表达最后一个数据点的数据演变过程

复习与思考

1. 阐述格式塔原理的一个基本点、两个假设和五个原则各是什么。
2. Bertin 视觉编码或 Bertin 视觉变量包括哪些内容？
3. 选择图表进行数据可视化时应考虑哪些因素？
4. 数据类型的分类方法有哪些？如何界定财务大数据？

参考文献

[1] 程佳军，游宏梁，汤珊红，高强，魏笑，夏新月. 数据可视化技术在军事数据分析中的应用研究[J]. 情报理论与实践，2020，43(09)：171-175.

[2] Lauren Magnuson, Mitchell Data. Visualization: A Guide to Visual Storytelling for Libraries[J]. Technical Services Quarterly，2017.

[3] 陈红倩. 数据可视化与领域应用案例[M]. 北京：机械工业出版社，2019.

[4] 陈虎，朱子凝. 数据可视化的财务应用研究[J]. 财会月刊，2022(16)：120-125.

[5] 张超，肖聪，朱卫东，等. 财务智能可视化分析与文献综述[J]. 财会月刊，2019(03)：24-32.

第 3 章 Power BI概论

【案例导入】

数据可视化，是关于数据视觉表现形式的研究，是数据处理和分析的一部分，可以帮助人们更直观地读懂并理解数据。数据可视化的目的，是通过对数据进行可视化处理，使其能够明确地、有效地传递信息。财务数据可视化是指财务数据以可视化形式进行整体不同维度数据分析，直观呈现出分析结论的过程。

新昇公司是一家从事生鲜行业的企业，其业务遍布北京、上海等城市及东北、华北、华东等区域，销售的产品涵盖生牛肉、大闸蟹、扇贝、青口、猪肉、羊肉及奶类制品等生鲜食品。年终总结会上，分析人员要通过数据可视化对30家门店的销售数据进行整理汇总，形成报表，并提交给管理层，以便为明年的战略计划部署提供有力的决策依据。

作为数据分析师，请你根据销售部门提供的相关数据及考核指标，选择恰当的可视化图形，并基于Power BI工具进行图形设计。

3.1 Power BI简介

Power BI整合了Power Query、PowerPivot、Power View和Power Map等一系列工具。熟悉Excel的用户可以快速掌握Power BI，甚至可以在Power BI中直接使用Excel中的图表。

3.1.1 Power BI功能简介

Power BI的主要功能如下。

1. 连接到任意数据源

Power BI可以连接到多种不同类型的数据源，包括Excel文件、文本(CSV)文件、XML文件、SQL Server数据库、Oracle数据库、Web数据等，几乎囊括了所有类型的数据。在Power BI的"获取数据"对话框中可查看能够连接的数据源类型，如图3-1所示。

22 | 财务数据可视化

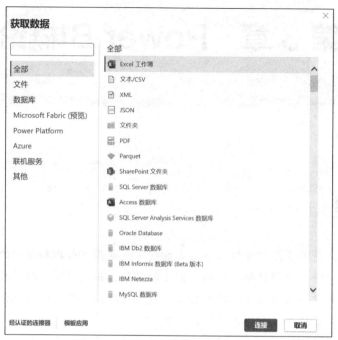

图3-1　Power BI可连接的数据源类型

【提示】Power BI支持使用自定义的连接器来连接特殊数据源，这也说明了几乎没有Power BI不能连接的数据。

2. 管理数据、数据建模

在Power BI的数据视图、查询编辑器中，可对来自数据源的数据进行清理和更改。图3-2显示了Power BI的查询编辑器。在Power BI查询编辑器中，可轻松完成如更改数据类型、删除列或合并来自多个源的数据等操作。

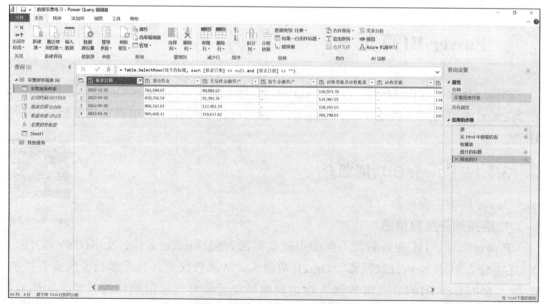

图3-2　Power BI的查询编辑器

3. 创建视觉对象

视觉对象是报表中展示数据的基本元素。可根据需要为报表创建各种视觉对象，视觉对象也称可视化效果，"可视化"窗格列出了可用的各种视觉对象。单击"视觉对象"按钮可将其添加到报表中，然后从"字段"窗格中选择字段，即可快速创建视觉对象。

4. 创建报表

Power BI将一个文件中的视觉对象集合称为"报表"。报表可以有一个或多个页面，类似一个Excel文件可包含一个或多个工作表。报表的文件扩展名为.pbix。

5. 使用Power BI服务共享报表

Power BI支持用户共享报表。在Power BI的"开始"选项卡中单击"发布"按钮，可将报表发布到Power BI服务。选择"发布"命令后，Power BI要求使用Power BI服务账户登录。登录后即可将报表共享到个人工作区、团队工作区或Power BI服务中的一些其他位置上。

3.1.2 Power BI家族

Microsoft针对不同角色的用户提供了一系列Power BI软件或者服务。

1. Power BI Desktop

Power BI Desktop为免费版，也称为Power BI桌面应用程序，主要用于建立数据模型和报表。个人分析数据、创建报表时，使用Power BI Desktop即可满足需求。

2. Power BI Pro

Power BI Pro 是一种线上的Power BI 服务，相当于网络版的 Power BI Desktop，与Power BI Desktop的区别主要体现在共享和协作，表3-1列出了两者的主要区别。

表3-1 Power BI Pro 与 Power BI Desktop 的主要区别

功能	Power BI Desktop	Power BI Pro
连接到70多个数据源	支持	支持
发布到Web	支持	支持
嵌入API和控件	支持	不支持
对等共享	支持	支持
导出到PowerPoint、Excel和CSV	支持	不支持
企业分发	支持	不支持
应用	支持	不支持
电子邮件订阅	支持	不支持
协作	支持	不支持
应用工作区	支持	不支持
在Excel 中分析	支持	不支持

【提示】Power BI应用是报表和仪表板的集合，用于为组织展示关键指标。用户可以访问应用，与应用交互，但不能编辑应用。

Power BI Pro不仅可供用户发布报表、共享仪表板，还可供用户在工作区内与同事协作完成下列任务：

- 编辑和保存自定义视觉对象；
- 创建个人仪表板；
- 分析Excel或Power BI Desktop中的数据；
- 通过Excel Web应用支持实现共享；
- 共享仪表板并与Office 365组协作；
- 与Microsoft Teams集成内容。

3. Power BI Premium

Power BI Premium是基于容量的服务，其主要特点如下。

(1) 企业获得容量许可后，可灵活地在整个企业内发布报表，企业用户均可直接访问报表，而无须向每个用户授予许可。而Power BI Pro是基于用户的服务，因此其必须向每个用户授予许可。

(2) Power BI服务的专有容量可扩大规模并提高性能。

(3) 可通过Power BI报表服务器在本地维护BI资产。

(4) 可通过API在自己的应用中嵌入Power BI报表，并将应用通过Power BI Premium进行部署。

【提示】专门用于为企业提供Power BI体验(获取数据、查询、仪表板、报表等)的Power服务资源称为专有容量。Power BI Premium白皮书对专有容量做了详尽的解释。

Power BI Premium只是一种服务，它需要用户使用Power BI Pro创建和发布报表，共享仪表板，以及在工作区完成协作。

4. Power BI Mobile

Power BI Mobile是用于在iOS、Android和Windows10等移动设备上访问Power BI报表和仪表板的软件。在Power BI Desktop中创建报表后，将其共享到Power BI服务，其他用户即可使用Power BI Mobile在移动设备上查看这些报表。

5. Power BI Embedded

Power BI Embedded是一组API，便于开发人员在自己的应用中嵌入Power BI报表和仪表板。

6. Power BI报表服务器

Power BI报表服务器是一个本地服务器，是在防火墙内部为组织或企业提供管理报表和KPI的Web门户，以及用于创建Power BI报表和KPI的工具。用户可通过Web浏览器、移动设备或电子邮件查看服务器中的报表和KPI。

【提示】关键绩效指标(key performance indicator，KPI)可理解为一种特殊的报表，用于显示可量化目标的完成进度。在Power BI中可将视觉对象转换为KPI。

7. Power BI 服务

Power BI服务是软件即服务(SaaS)，提供在线版的Power BI(Power BI Desktop是桌面版的Power BI)。用户须登录到Power BI服务后才能使用在线版Power BI创建报表和仪表板。

3.2　Power BI安装

本书主要介绍如何在Power BI Desktop中创建报表和进行数据分析。本节详细介绍如何下载和安装Power BI Desktop。

视频：
Power BI安装

3.2.1　安装需求

Power BI Desktop可用于32位(x86)和64位(x64)平台，最低的系统需求如下。

(1) 操作系统：支持Windows 10、Windows 7、Windows 8、Windows Power BI Desktop 8.1、Windows Server 2008 R2、Windows Server 2012、Windows Server 2012 R2等。

(2) 浏览器：Internet Explorer 10或更高版本。

(3) 内存：至少1GB。

(4) 显示器：建议分辨率至少为1440×900或1600×900。

(5) CPU：建议1GHz或更快的32或64位处理器。

3.2.2　下载安装程序

在浏览器中打开Power BI Desktop中文主页，如图3-3所示。

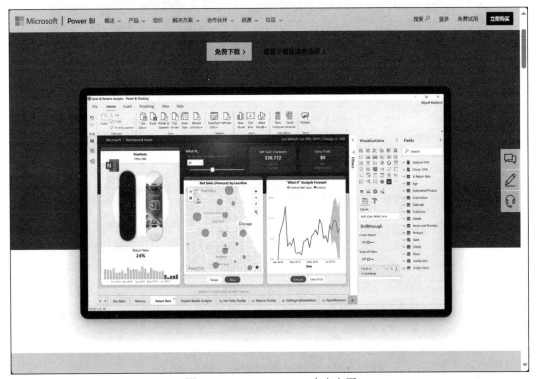

图3-3　Power BI Desktop中文主页

在该页面中单击"免费下载"按钮，即可下载Power BI Desktop安装程序。在下载页面将自动根据操作系统下载匹配的安装程序。如果想了解安装程序的相关信息，如安装程序详情、系统需求和安装说明等，可单击页面中的"高级下载选项"按钮(见图3-4)，进入Microsoft的中文下载中心的Microsoft Power BI Desktop下载页面，如图3-5所示。在页面中单击"下载"按钮，即可下载Power BI Desktop的安装程序。

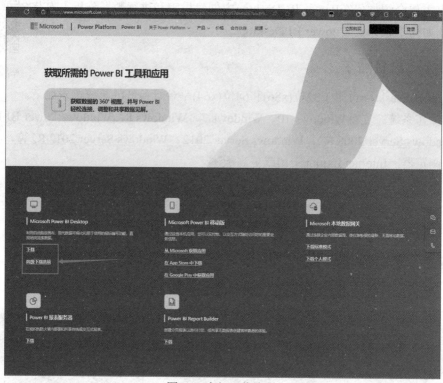

图3-4　高级下载选项

图3-5　Microsoft的中文下载中心的Microsoft Power BI Desktop下载页面

3.2.3　安装Power BI Desktop的步骤

Power BI Desktop的具体安装步骤如下。

(1) 单击"运行"按钮，启动安装程序。选择语言为"中文(简体)"，如图3-6所示。

(2) 安装程序首先显示欢迎界面，如图3-7所示。

图3-6　选择语言界面

图3-7　安装程序欢迎界面

(3) 单击"下一步"按钮，打开"Microsoft软件许可条款"对话框，选中"我接受许可协议中的条款"选项，如图3-8所示。

(4) 单击"下一步"按钮，打开"目标文件夹"对话框，如图3-9所示。

安装程序默认将Power BI Desktop安装到系统的"C:\Program Files"文件夹。可直接在对话框的输入框中输入其他安装路径，也可单击"更改"按钮打开对话框选择其他安装路径。

图3-8　接受软件许可条款

图3-9　确定安装位置

(5) 单击"下一步"按钮，打开"已准备好安装Microsoft Power BI Desktop(x64)"对话框，如图3-10所示。对话框默认选中"创建桌面快捷键"选项，表示要在系统桌面创建Power BI Desktop快捷方式。若不需要，可取消选中。

(6) 单击"安装"按钮，允许安装程序操作。安装完成后，安装程序会显示"Microsoft Power BI Desktop(x64)安装向导已完成"对话框，如图3-11所示。选中"启动Microsoft Power BI Desktop"，单击"完成"按钮。

图3-10 "已准备好安装Microsoft Power BI Desktop(x64)"对话框

图3-11 完成安装

3.3 Power BI界面

3.3.1 开始屏幕

Power BI Desktop启动后，会显示开始屏幕，如图3-12所示。

视频：
Power BI界面介绍

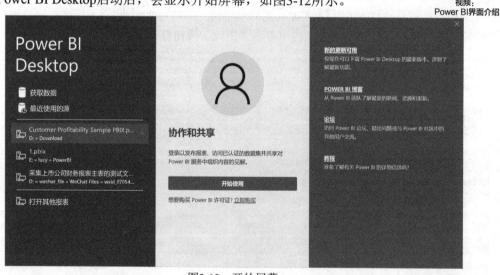

图3-12 开始屏幕

在开始屏幕中，可选择"获取数据"、查看"最近使用的源"或者"打开其他报表"。单击"开始使用"按钮，可注册获取Power BI Pro使用权限。单击"登录"按钮，可登录到Power BI服务账户，以便在Power BI Desktop中使用Power BI服务的有关功能。

3.3.2 主界面

关闭开始屏幕后，进入Power BI Desktop主界面，如图3-13所示。

图3-13　Power BI Desktop主界面

Power BI Desktop主界面主要由功能区、视图、"可视化"窗格和"数据"窗格等组成。

1. 功能区

功能区包含了一个"文件"菜单、6个选项卡(即主页、插入、建模、视图、优化和帮助)，也可将选项卡称为工具栏。

(1)"文件"菜单(见图3-14)。单击功能区左上角的"文件"按钮，可打开"文件"菜单。

图3-14　"文件"菜单

"文件"菜单中各个命令的作用如下。

- 新建：新建报表。
- 打开报表：打开已有的报表。
- 保存：保存正在编辑的报表。
- 另存为：将正在编辑的报表另存。
- 获取数据：浏览并选择适合的数据连接器，然后填写访问数据所需的信息，从而实现数据的获取。

- 导入：导入Excel工作簿内容、Power BI模板、来自文件的自定义视觉对象，以及来自Marketplace的自定义视觉对象。
- 导出：可选择将正在编辑的报表导出为Power BI模板。
- 发布：将正在编辑的报表发布到Power BI服务。
- 选项和设置：可在子菜单中选择管理Power BI Desktop的环境选项和数据源设置。
- 开始体验：打开Power BI开始屏幕。
- 关于：查看版本和会话信息。
- 登录：打开登录对话框，登录到Power BI服务。

(2)"主页"选项卡(见图3-15)：主要提供剪贴板、数据、查询、插入、计算、敏感度和共享等相关的操作。

图3-15 "主页"选项卡

(3)"插入"选项卡(见图3-16)：主要提供页、视觉对象、AI视觉对象、Power Platform、元素和迷你图等插入相关的操作。

图3-16 "插入"选项卡

(4)"建模"选项卡(见图3-17)：主要提供关系、计算、页面刷新、参数、安全性和问答等建模相关的操作。

图3-17 "建模"选项卡

(5)"视图"选项卡(见图3-18)：主要提供主题、调整大小、移动设备、页面选项、显示窗格等视图相关的操作。

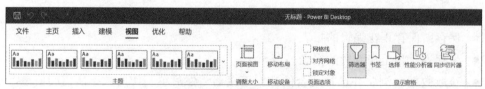

图3-18 "视图"选项卡

(6)"优化"选项卡(见图3-19):主要涉及提高报表和应用程序的性能,确保数据能够快速、有效地被用户查询和分析。

图3-19 "优化"选项卡

(7)"帮助"选项卡(见图3-20):主要提供信息、帮助、社区和资源等各种在线辅助学习资源。

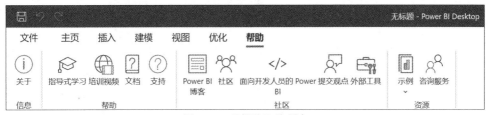

图3-20 "帮助"选项卡

2. 视图

Power BI Desktop有三种视图:报表视图、数据视图和模型视图。主界面侧边栏中的"报表""数据""模型"按钮用于切换视图。

(1) 报表视图:用于查看和设计报表。图3-21显示的是在报表视图中打开的一个报表。在"可视化"窗格中可选择要创建的视觉对象和设置相关选项,在"数据"窗格中可选择要在视觉对象中显示的字段。若先在报表视图中单击选中某个视觉对象,再在"可视化"窗格中选择视觉对象,则可更改报表视图中视觉对象的类型。

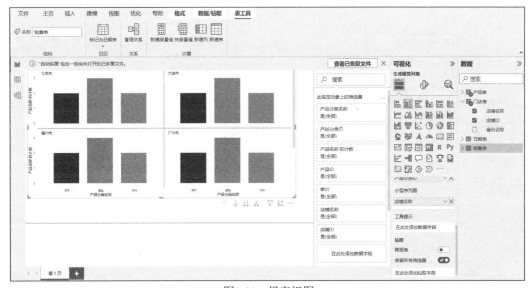

图3-21 报表视图

新建报表默认只有一个页面。单击报表视图底部导航栏中的"+"(新建页)按钮，可添加新的报表页。报表视图底部的导航栏会显示每个报表页的标题。鼠标指针指向报表页标题时，报表页标题右上角会显示"×"(删除页)按钮，单击可删除报表页。

(2) 数据视图：可查看数据模型中的数据，如图3-22所示。在数据视图中，可执行更改列的数据类型、对列排序、修改列名等相关操作。

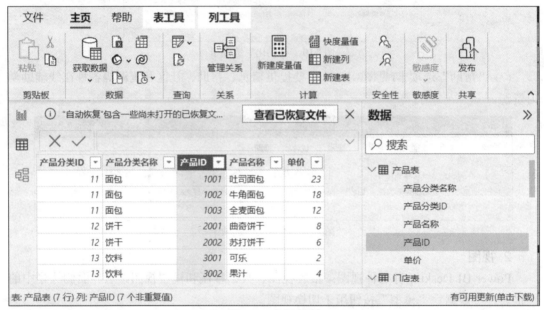

图3-22　数据视图

(3) 模型视图：用于管理数据模型中表之间的关系，如图3-23所示。

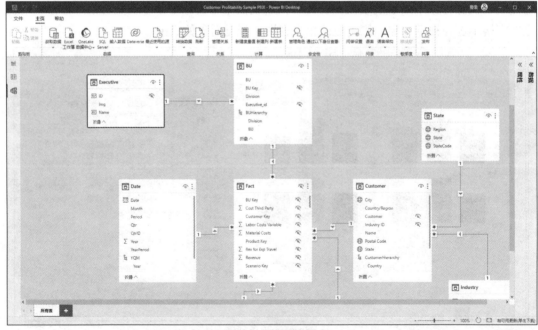

图3-23　模型视图

模型视图显示了每个表的字段列表。列表之间的连线表示关系，双击关系连线，可打开"编辑关系"对话框，如图3-24所示。深色背景的列为关系的关联字段。在模型视图中单击关系连线可选中关系，再按<Delete>键可删除关系。

图3-24　编辑关系

3. "可视化"窗格

"可视化"窗格如图3-25所示。

"可视化"窗格上部列出了可在报表中创建的各种常用视觉对象。单击 ⋯ 按钮可选择从文件或Marketplace中导入自定义视觉对象，或者删除自定义视觉对象。单击视觉对象按钮，即可将对应的视觉对象添加到报表中。

"可视化"窗格下部可设置视觉对象使用的字段及相关选项。例如，创建堆积条形图时可设置用于轴和值的字段及筛选器等。

4. "数据"窗格

"数据"窗格(见图3-26)列出了当前报表已获取的数据表及表中的字段。选中数据名前面的复选框可将数据添加到视觉对象中，反之则可从视觉对象中删除数据。数据名前面的∑符号表示数据可执行聚类分析(计数、求和、求平均值等)。

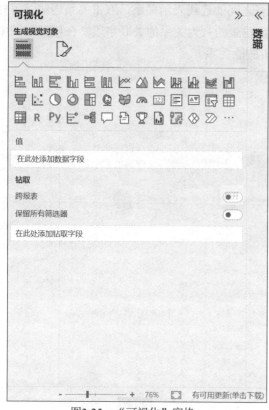
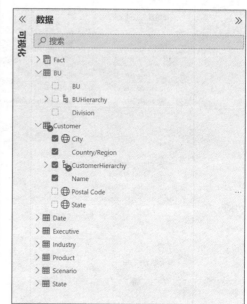

图3-25 "可视化"窗格　　　　　图3-26 "数据"窗格

3.3.3 使用Power BI文档

Microsoft在https://docs.microsoft.com/zh-cn/power-bi/中提供了丰富的文档，可帮助用户学习使用Power BI，如图3-27所示。

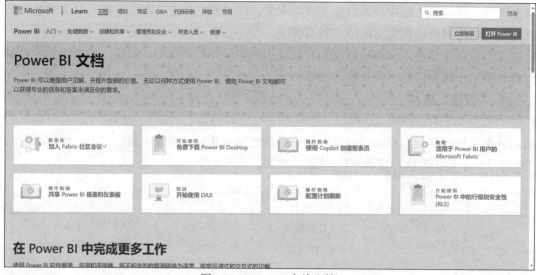

图3-27 Power BI在线文档

1. 查看Power BI入门文档

进入Power BI入门文档界面，如图3-28所示。

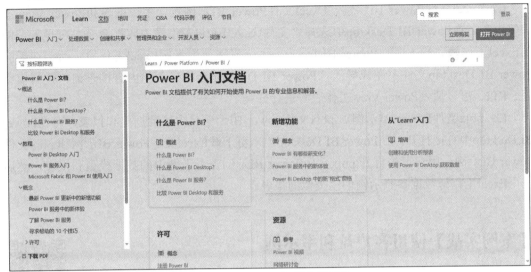

图3-28　Power BI入门文档界面

左侧的目录按照概述、教程、概念、许可、安全性、操作方法、参考、资源等对文档进行了分类。展开目录，单击标题即可在页面中显示相应的文档内容。

2. 使用Power BI示例

初学者要找到合适的数据来学习Power BI是比较困难的事情。Microsoft贴心地为用户准备了丰富的示例。

在"文档"目录中展开"示例"，即可浏览Power BI示例，如图3-29所示。

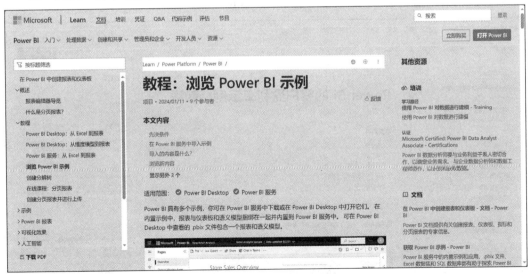

图3-29　浏览Power BI示例

Power BI示例有三种使用方式：内容包 Power BI示例、Excel文件Power BI示例和.pbix文件Power BI示例。

(1) 内容包Power BI示例。内容包Power BI示例是用户创建的可在Power BI服务中使用的，包含一个或多个仪表板、数据集和报表的捆绑包。

(2) Excel文件Power BI示例。Excel文件Power BI示例包含了数据表和Power View图表等内容。在Power BI Desktop中选择"文件\导入\Excel工作簿内容"命令，可导入示例的Excel工作簿。导入时，Power BI Desktop不会直接使用示例Excel工作簿，而会在新的Power BI Desktop文件中完成导入。Power BI Desktop会将导入的内容按查询、数据模型表、KPI、度量值及Power View工作表等进行分类。

(3) .pbix文件Power BI示例。.pbix文件Power BI示例包含了数据集和报表，可在Power BI Desktop中直接打开。在Power BI Desktop中，可下载Excel文件Power BI示例和.pbix文件Power BI示例。用户可先打开.pbix文件Power BI示例查看示例中的数据模型和报表，然后使用Excel工作簿数据参照示例创建类似的报表。

【案例实战】使用客户盈利率示例

本案例将介绍如何下载Power BI Desktop的客户盈利率示例，以及查看该示例中的数据和报表。

具体操作步骤如下：

(1) 在浏览器中打开Power BI文档首页。

(2) 单击页面中的".pbix文件形式的示例"，获取数据源。

(3) 在"文档"目录中展开"示例"，然后单击"客户盈利率示例"导览链接，显示"Power BI的客户盈利率示例：教程"，如图3-30所示。

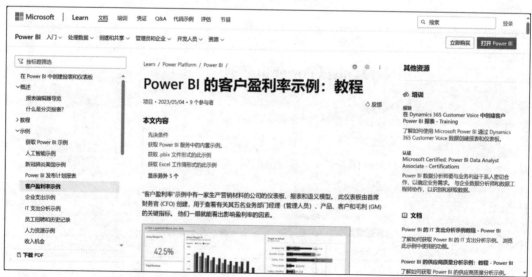

图3-30 查看"Power BI的客户盈利率示例：教程"

(4) 滚动页面到"获取.pbix文件形式的此示例"小节，如图3-31所示。

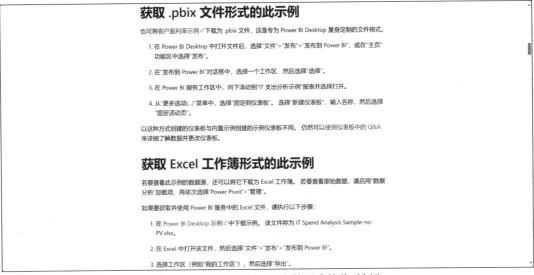

图3-31 查看"获取.pbix文件形式的此示例"

(5) 单击"客户盈利率示例"链接，下载客户盈利率示例的.pbix文件。

(6) 下载完成后，双击.pbix文件，在Power BI Desktop中打开示例，如图3-32所示。

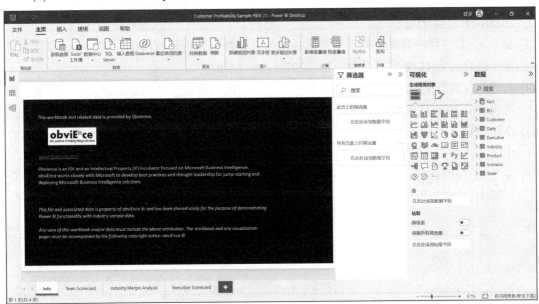

图3-32 在Power BI Desktop中打开"客户盈利率示例"

(7) "客户盈利率示例"中的报表包含Info、Team Scorecard、Industry Margin Analysis和Executive Scorecard 4个页面。单击报表视图下方导航栏中的标题，即可打开相应报表页。

【提示】示例教程中包含了"仪表板"。仪表板是一个画布，可包含多个磁贴。视觉对象和问答可作为磁贴固定到仪表板上，也可将整个报表页作为单个磁贴固定到仪表板上。仪表板类似于导航面板，单击磁贴即可打开报表。

【提示】仪表板是 Power BI 服务的一项功能，在 Power BI Desktop 中不可用。在移动设备上不能创建仪表板，但可以查看和共享仪表板。

复习与思考

1. Power BI 主要具备哪些功能？
2. Power BI 家族包含哪些成员？
3. Power BI 示例有哪几种使用方式？

参考文献

[1] 刘滨，刘增杰，刘宇，等. 数据可视化研究综述[J]. 河北科技大学学报，2021(6)：643-654.

[2] 朱锴剑. 大数据下企业财务数据可视化的应用现状与趋势探析[J]. 中国总会计师，2023(05)：114-116.

[3] 葛幸元. 数字经济背景下基于可视化技术的财务数据分析平台构建与实践——以甘肃省××医院为例[J]. 老字号品牌营销，2022(13)：85-87.

[4] 石雨萱，郭思佑. 基于数据可视化处理对高速公路收费站改造问题的研究——以西安曲江收费站为例[J]. 科学技术创新，2022(19)：104-107.

[5] 李丽. 基于RPA机器人与可视化技术的财务数据分析案例研究——以智能财务平台为例[J]. 中国集体经济，2022，717(25)：153-155.

[6] 关美钰. 国内财务共享服务中心研究的演化路径与热点分析——基于CiteSpace的可视化分析[J]. 技术与市场，2022，29(11)：168-171，174.

第 4 章　Power BI应用

【案例导入】

食物的节奏

十余年间，我们的口味都发生了哪些变化？Truth&Beauty实验室联合Google新闻实验室，对美国人过去12年在Google上对食物的搜索数据进行了可视化(见图4-1、图4-2)。

13万个节点数据被对应放置在一系列的圆环图表中，而这个图表又被均匀分成52个小扇形，以对应一年的52周，每一年则对应不一样的颜色，离圆心越远的色块其搜索量就越高。通过这样的方式，我们能看到不同年份人们的口味变化，非常有意思。

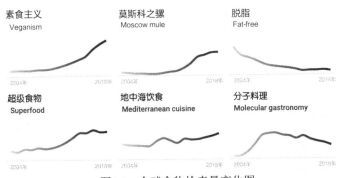

图4-1　全球食物检索量变化图　　　　图4-2　年度食物检索量离心图

来源：https://rhythm-of-food.net/ 谷歌新闻实验室

思政拓展

4.1　数据获取

数据获取是指从各种数据源获取数据。使用Power BI Desktop可以连接许多不同的数据源，如文件、文件夹、数据库、Azure(微软公有云上的Azure SQL数据库、Azure SQL数据仓库、Azure云端Hadoop的HDinsight等)、联机服务(Salesforce、Dynamic 365等在线服务)及其他(Web网页、R脚本、Python脚本、Hadoop文件系统HDFS等)。

4.1.1 一维表和二维表

目前，大部分企事业单位从不同信息系统中获取的数据，一般都会导出为Excel文件格式进行数据分析。虽然Power BI已经具有一定的数据规范整理能力，但为了进一步提高数据处理效率，提前对Excel数据进行一些预处理，使之更加标准化、规范化，也是非常必要的。

Excel 表格大多为清单型表格。所谓清单型表格，是指按照一定的顺序，清晰明了地保存原始数据的表格。清单型表格的表现形式分为一维表和二维表两种。用户可根据不同分析场景进行选择，但最好选用一维表，这样可以降低数据的冗余，如图4-3所示；而在进行数据呈现时，可以更多地使用二维表或多维表形式，如图4-4所示。所谓的一维表，就是字段、记录的简单罗列；而二维表，则从两个维度来描述记录属性，并且两个字段的属性存在一定的关系。因此，用户在采集原始数据或录入数据时，应尽量采用一维表形式。实际工作中，如果取得的数据是二维表，可以采用一定的方法将其处理成一维表。处理方式有两种：第一种方式是在Power BI中利用逆透视功能将二维表迅速转换为一维表；第二种方式是利用数据透视表中多重数据透视功能进行处理。

	A	B	C
1	产品	月份	销售额
2	吐司	1月	14699
3	吐司	2月	20184
4	吐司	3月	17646
5	吐司	4月	13629
6	吐司	5月	26022
7	吐司	6月	25221
8	吐司	7月	11714
9	吐司	8月	26509
10	吐司	9月	10991
11	吐司	10月	19602
12	吐司	11月	16724
13	吐司	12月	29387
14	蜂蜜蛋糕	1月	10618
15	蜂蜜蛋糕	2月	22768
16	蜂蜜蛋糕	3月	22889
17	蜂蜜蛋糕	4月	19817
18	蜂蜜蛋糕	5月	24267
19	蜂蜜蛋糕	6月	24762
20	蜂蜜蛋糕	7月	12381
21	蜂蜜蛋糕	8月	12935
22	蜂蜜蛋糕	9月	16209
23	蜂蜜蛋糕	10月	26632
24	蜂蜜蛋糕	11月	24701
25	蜂蜜蛋糕	12月	12931
26	碱水面包	1月	14864

图4-3　一维表

A	B	C	D	E	F	G	H	I	J	K	L	M
产品	1月	2月	3月	4月	5月	6月	7月	8月	9月	10月	11月	12月
吐司	14699	20184	17646	13629	26022	25221	11714	26509	10991	19602	16724	29387
蜂蜜蛋糕	10618	22768	22889	19817	24267	24762	12381	12935	16209	26632	24701	12931
碱水面包	14864	19418	10573	14618	26301	15581	27350	13836	10573	25772	28056	26988
麻薯	13298	16781	19650	24182	25913	26907	25774	11768	13710	11482	14825	13240

图4-4　二维表

清单型表格在设计时应尽量做到：字段命名统一、规范、有规律；避免多行标题、多列标题；避免合并单元格；各记录行间不要有空行、小计、合计等内容；同一列应存放同一类型的数据等。

4.1.2 数据导入

1. 从文件导入数据

Power BI可以获取的文件包括Excel、CSV、XML、JSON等。比较常见的文件是CSV文件和Excel文件。CSV文件是字符分隔值文件，酷似Excel表格，但是其文件以纯文本形式存储数据(数字和文本)。CSV文件由任意数目的记录组成，记录间以某种换行符分隔(常见的是用逗号分隔)，CSV文件常见于电商或ERP系统后台导出的文件。在实际工作中，财务数据往往以Excel格式保存，下面介绍Excel格式文件的获取方法。

打开Power BI Desktop应用界面，在"主页"选项卡的"获取数据"下拉菜单中，选择"Excel工作簿"选项，如图4-5所示。

图4-5 获取Excel文件

在本地计算机中找到"第四章案例数据/2020数据.xlsx"文件并选中，单击"打开"按钮，如图4-6所示。

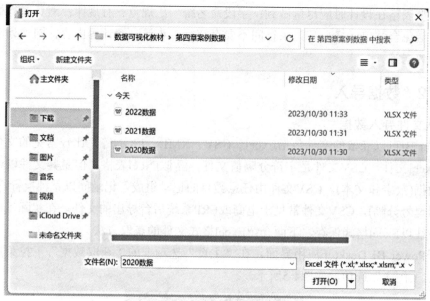

图4-6 选择Excel文件

选中"Sheet1",右侧窗口会呈现"Sheet1"中的数据。若单击"加载"按钮,数据将直接加载到Power BI Desktop中;若单击"转换数据"按钮,则进入Power Query编程器界面,如图4-7所示,在该界面可以对数据进行进一步的处理。

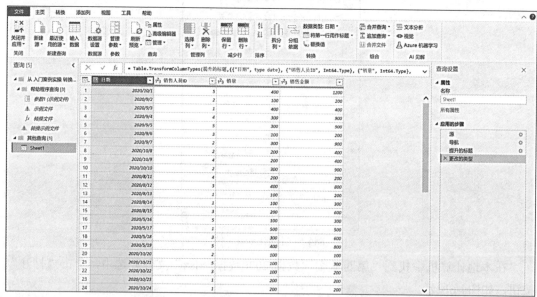

图4-7 导入Excel文件

2. 从文件夹导入数据

对于一些上市公司或集团公司而言,经常需要汇总其分公司、子公司或各个业务分部的业务数据或财务数据,这些数据通常以总部下发的模板表格为标准化格式。各子公司或业务分部依据此模板完成填写后,再由总部进行汇总分析。这种情况下,可以采取从文件夹导入数据的方式。

在"主页"选项卡的"获取数据"下拉菜单中,选择"更多"选项,在弹出的"获取数据"对话框中,选择"文件夹"选项,单击"连接"按钮,如图4-8所示。

图4-8　打开文件夹

在弹出的"文件夹"对话框中单击"浏览"按钮,选择本地计算机中目标文件的位置,如图4-9所示。单击"确定"按钮,将显示被连接的Excel文件,如图4-10所示。

图4-9　选择文件夹路径

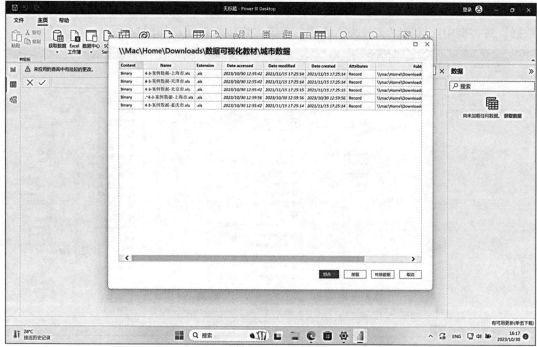

图4-10 导入文件夹文件

单击"组合"按钮下的"合并并转换数据"按钮,将文件合并,进入Power Query编辑器对数据进行整理,也可以单击"组合"按钮下的"合并和加载"按钮,如图4-11所示,将文件合并并加载到Power BI Desktop中,最终结果如图4-12所示。

图4-11 合并和加载文件夹表格

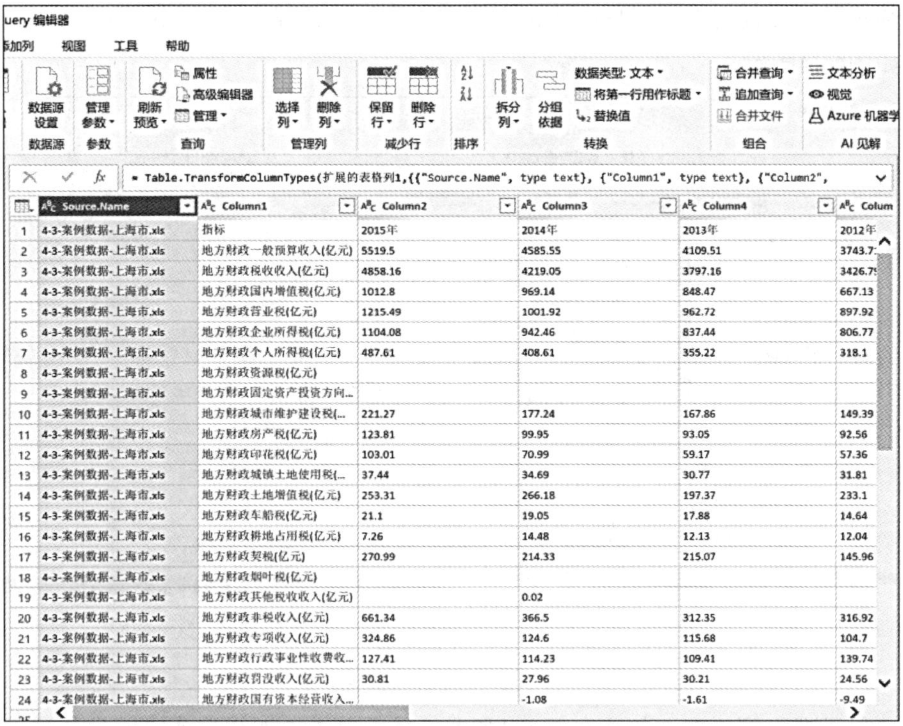

第4章 Power BI应用 | 45

图4-12 文件夹表格最终结果

3. 从数据库导入数据

Power BI对市面上所有的关系型数据库(如 Access、SQL Server、MySQL、Oracle、SAPHANA、SAPBW等)都能提供非常好的支持。

下面以ERP系统中常见的Access数据为例,介绍如何导入数据库数据。

打开 Power BI Desktop应用程序,在"主页"选项卡的"获取数据"下拉菜单中,选择"更多"选项,在弹出的"获取数据"对话框中,选择右侧的"Access数据库"选项,单击"连接"按钮,如图4-13所示。

图4-13 导入Access数据库

在弹出的"文件夹"对话框中单击"浏览"按钮,选择本地计算机中的Access数据库文件,如图4-14所示。

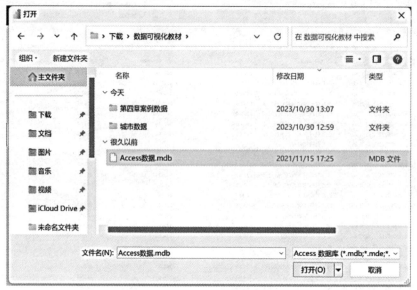

图4-14 选择Access数据库数据

在"导航器"窗口中,勾选左侧的4张表,然后单击"加载"或"转换数据"按钮,如图4-15所示。

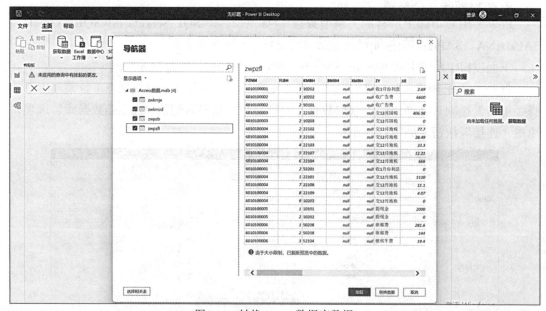

图4-15 转换Access数据库数据

4. 从网页导入数据

Power BI Desktop提供了连接Web数据的功能,可以轻松获取网页中的数据。

下面以获取沪深两证券交易市场上证系列指数为例,展示从网页导入数据。

视频:
从网页导入数据

打开东方财富网(https://www.eastmoney.com/)，进入"行情中心"页面，找到沪深重要指数表，选择上证系列指数，此数据为Power BI要抓取的数据，复制该页面网址。

打开 Power BI Desktop应用程序，在"主页"选项卡的"获取数据"下拉菜单中，选择"Web"选项，即可进入网页导入数据。在弹出的对话框中粘贴复制下来的上证系列指数网址，单击"确定"按钮，Power BI即可连接网站获取数据。

在弹出的"导航器"窗口中会显示可以导入的表格，选择"表1"并单击"转换数据"按钮，即可进入Power Query编辑器进行数据处理，如图4-16所示。

图4-16　导入网页数据

5. 其他数据源导入数据

Power BI几乎可以访问所有各类主流或非主流的数据文件及数据库，包括一些大数据系统，例如Spark、Hadoop(分布式文件系统)、R脚本、Python脚本等各种数据源，如图4-17所示。

图4-17　其他获取数据途径

4.2 数据整理

数据整理，即是数据的清洗，是对从各类数据源导入的数据，通过一定的方法进行处理(如数据的增删改、转换、逆透视、合并等)，整理成符合要求的数据，然后加载到数据模型中，进行数据可视化。在Power BI中，一般通过Power Query编辑器对数据进行整理和清洗，以满足数据建模及可视化分析的需要。

4.2.1 认识Power Query和M语言

1. Power Query编辑器

Power Query是Power BI自带的三大组件之一，当需要对数据进行整理和清洗时，系统就会打开Power Query编辑器。通过Power Query可以连接到一个或多个数据源，并且可以对数据进行各种处理，然后将数据加载到Power BI中。

当Power BI Desktop导入数据表后，执行"主页"→"转换数据"命令，即打开了"Power Query编辑器"窗口，如图4-18所示。

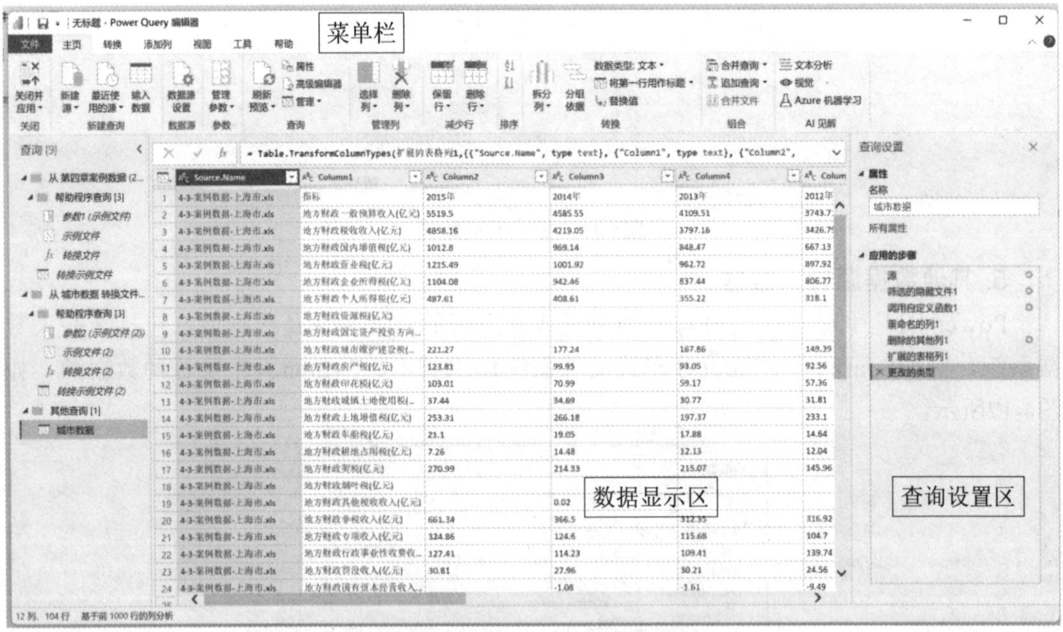

图4-18 Power Query编辑器界面

"Power Query编辑器"窗口主要分为菜单栏、数据显示区和查询设置区3个区域。

菜单栏包括"文件""主页""转换""添加列""视图""工具""帮助"等菜单项，主要执行对数据进行清理的各类操作。

数据显示区可显示每张表的编辑查询结果，并可将编辑后的、符合要求的查询结果通过"关闭并应用"命令上传到数据模型中。

查询设置区包括"属性"和"应用的步骤"两部分。在"应用的步骤"中，系统会自动记录Power Query编辑器的每一步操作，若想删除某一步，则单击该步骤前的"×"按钮。用户也可通过单击步骤名称，查看此步骤的操作结果。

2. M语言

M语言全称为Power Query Formula Language，是查询编辑器的查询语言，适用于Excel及Power BI Desktop中的Power Query。

M语言是Power Query专用的语言，M语言目前所具备的几百个函数，可完成对导入前的数据进行导入、组合、转换、筛选、加工处理等工作。同时，Power Query中进行的每一步操作，后台都会记录下来并生成M语言代码。

在"Power Query编辑器"界面，在"主页"选项卡下单击"高级编辑器"按钮，可查看自动生成的M语言代码，如图4-19所示。

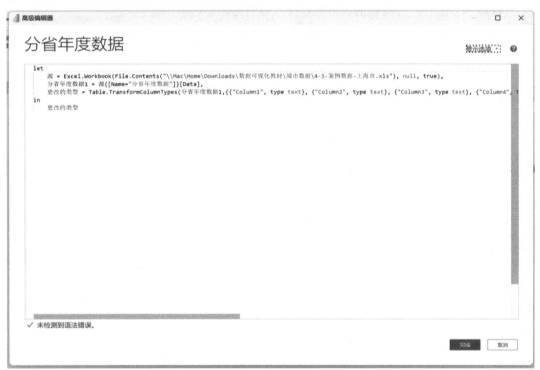

图4-19　高级编辑器界面

M语言的公式函数非常庞大且相对复杂。对于初学者来说，大部分的数据清洗任务通过鼠标操作就能实现，整个清洗、整理过程都是可视且可恢复的，因此不建议使用M代码。如果是高级用户且执行的数据清洗任务比较复杂，则可以通过直接在高级编辑器中编写M代码实现。

4.2.2　数据行列的增删、填充与替换

数据的行列操作主要是行和列的增加、删除、移动、填充和替换。通过数据的行、列操作和筛选，用户可将原始数据表中符合要求的数据保留，并上传到数据模型中进行数据可视化。

视频：
数据的行操作

1. 数据的行操作

Power Query编辑器中的行操作主要包括"删除行"和"保留行"两种，二者的操作

思路类似，操作结果相反。其中，“删除行”的操作具体包括6种，如表4-1所示。

表4-1　删除行的操作和含义

操作	含义
删除最前面几行	删除表中的前N行
删除最后几行	删除表中的后N行
删除间隔行	删除表中从特定行开始的固定间隔的行
删除重复项	删除当前选定列中包含重复值的行
删除空白行	从表中删除所有空白行
删除错误行	删除当前选定列中包含错误(Error)的行

(1) 删除多余行，并将新的表格首行提升为列标题。

打开案例数据“2022数据”后，通过观察可以发现，表格的最后两行无数据，可选择删除无数据的行，如图4-20所示。

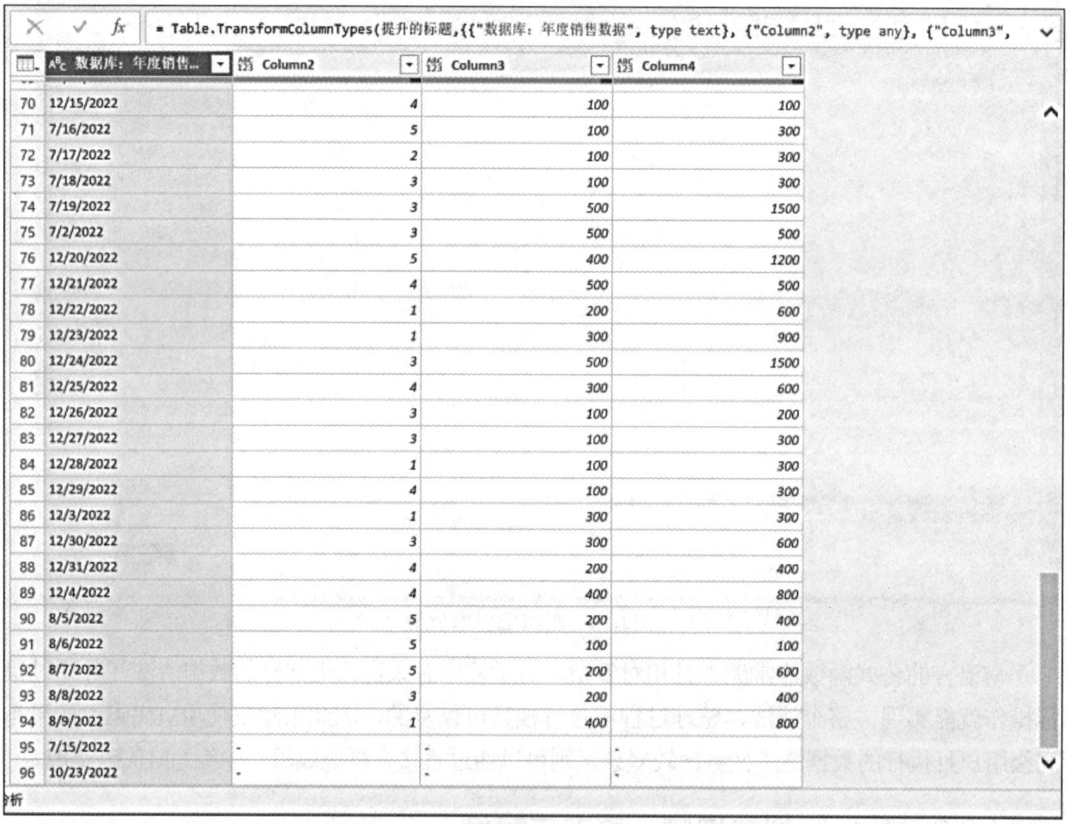

	数据库：年度销售...	Column2	Column3	Column4
70	12/15/2022	4	100	100
71	7/16/2022	5	100	300
72	7/17/2022	2	100	300
73	7/18/2022	3	100	300
74	7/19/2022	3	500	1500
75	7/2/2022	3	500	500
76	12/20/2022	5	400	1200
77	12/21/2022	4	500	500
78	12/22/2022	1	200	600
79	12/23/2022	1	300	900
80	12/24/2022	3	500	1500
81	12/25/2022	4	300	600
82	12/26/2022	3	100	200
83	12/27/2022	3	100	300
84	12/28/2022	1	100	300
85	12/29/2022	4	100	300
86	12/3/2022	1	300	300
87	12/30/2022	3	300	600
88	12/31/2022	4	200	400
89	12/4/2022	4	400	800
90	8/5/2022	5	200	400
91	8/6/2022	5	100	100
92	8/7/2022	5	200	600
93	8/8/2022	3	200	400
94	8/9/2022	1	400	800
95	7/15/2022	-	-	-
96	10/23/2022	-	-	-

图4-20　多余行数据

进入“Power Query编辑器”窗口中，在“主页”选项卡下，执行“删除行”→“删除最后几行”的命令，如图4-21所示。

图4-21 "删除行"命令

在弹出的对话框中可以指定要删除最后多少行,在这里将行数设为"2",并单击"确定"按钮,即可把无数据的行删除,如图4-22所示。

图4-22 "删除最后几行"命令

通过观察发现,第一行的数据也是多余的,可以将第一行删除后,将第二行设定为新的标题,使表格更加清晰。

先按照同样的方法删除第一行数据后,在"转换"选项卡下,执行"将第一行用作标题"命令,或单击首行旁边的 按钮,在下拉菜单中执行"将第一行用作标题"命令,如图4-23所示。

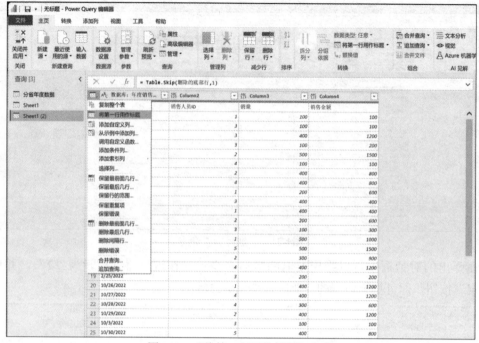

图4-23 "将第一行用作标题"命令

此时,即可将首行提升为标题栏,结果如图4-24所示。

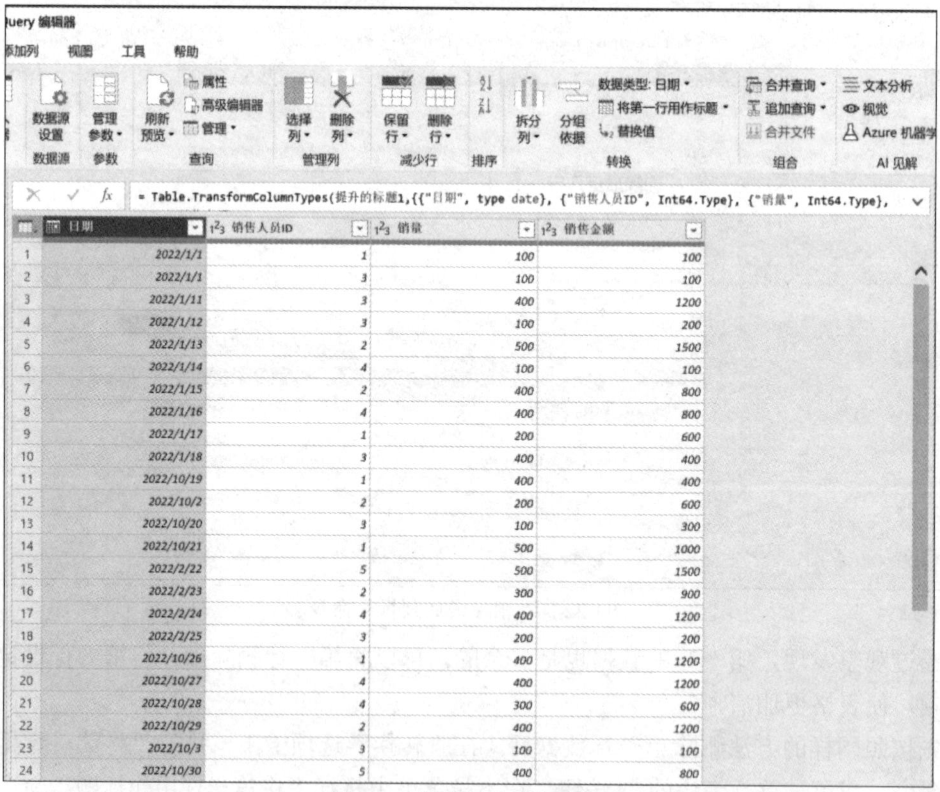

图4-24 首行提升为标题栏

(2) 删除表中错误行。

打开案例数据"删除错误行"后,在"Power Query编辑器"窗口中,单击"日期"字段前的■按钮,将数据类型改为"整数",则表中出现两个错误(Error)行,如图4-25所示。

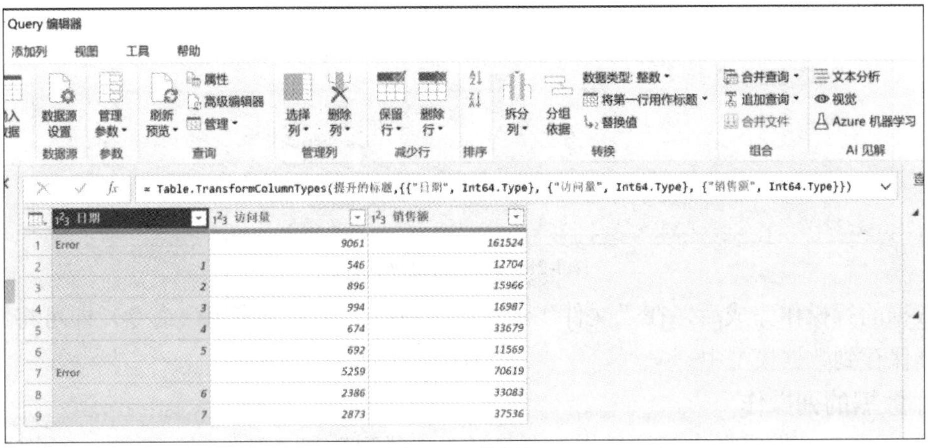

图4-25 错误行

在"主页"选项下,执行"删除行"→"删除错误"命令,结果如图4-26所示。

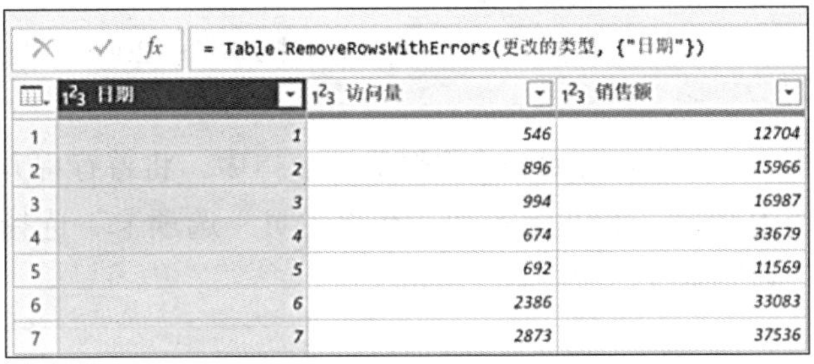

图4-26 删除错误行结果

(3) 删除表中的重复项。

打开案例数据"删除重复项"后,在"Power Query编辑器"窗口中,观察数据或将数据进行排序等处理,发现数据中"客户名"存在重复项,如图4-27所示。

图4-27 "删除重复项"命令

在"主页"选项卡下,执行"删除行"→"删除重复项"命令,结果如图4-28所示。

图4-28 删除重复项结果

数据的行操作完成后,在"文件"选项卡下执行"关闭并应用"命令,即可将整理好的数据保存到数据模型中。

2. 数据的列操作

Power Query编辑器中的列操作主要包括"选择列"和"删除列"两种。"选择列"操作可以通过选择的方式将需要的列保留在"Power Query编辑器"窗口中;"删除列"操作可以删除选中的列或删除选中列以外的其他列。

下面以案例数据"数据列"为例,删除数据表中2006—2008年的国家财政收入年度数据。

视频:
数据的列操作

加载案例数据后,在"Power Query编辑器"窗口中,将首行提升为标题栏,然后按住<Ctrl>键并依次选中2006—2008年各列,在"主页"选项卡下选择"管理列",执行"删除列"→"删除列"命令,如图4-29所示。

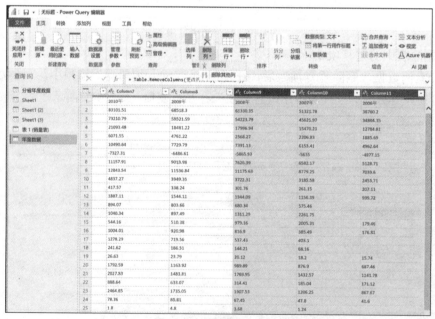

图4-29 "删除列"命令

这时可以发现，窗口中已保留了2009—2015年的国家财政收入年度数据，2006—2008年的数据已被删除。

此时若执行"主页"→"管理列"→"删除列"→"删除其他列"命令，则会删除2009—2015年的数据，保留2006—2008年的数据。

数据的列操作完成后，在"文件"选项卡下执行"关闭并应用"命令，即可将整理好的数据保存到数据模型中。

4.2.3 数据行列的转换

数据行列的转换是数据整理中常见的操作，能够实现行变成列，列变成行。

打开案例数据"数据行列转换"后，在"Power Query编辑器"窗口中，在"转换"选项卡下执行"表格"→"转置"命令，如图4-30所示。

图4-30　行列转换

行列转换后，需要调整第一行用作标题，在"转换"选项卡下执行"表格"→"将第一行用作标题"命令，并将"项目"列的数据类型改为"文本"型，结果如图4-31所示。

项目	销售额
1月	39700
2月	38657
3月	36745
4月	40134
5月	40156
6月	42989
7月	43057
8月	45170
9月	48540
10月	49879
11月	50251
12月	51434

图4-31　行列转换最终结果

数据行列转换完成后，在"文件"选项卡下执行"关闭并应用"命令，即可将整理好的数据保存到数据模型中。

4.2.4 数据类型的转换

打开案例数据"数据类型转换"后，在"Power Query编辑器"窗口中显示的日期均是"日期"型，如图4-32所示。

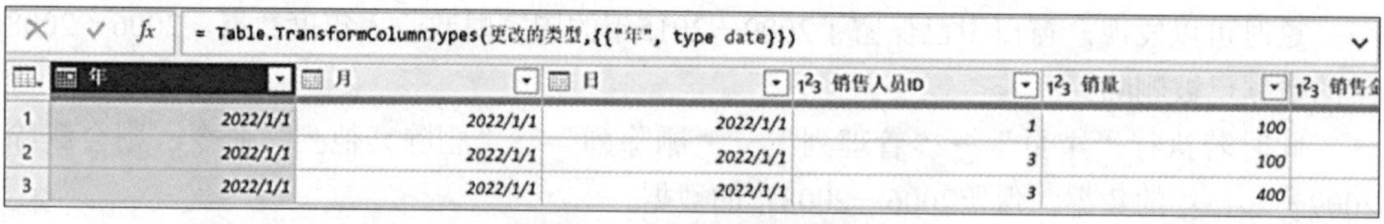

图4-32 "日期"数据类型

单击"年"字段前的按钮，从弹出的下拉菜单中选择"文本"选项，如图4-33所示。

图4-33 "数据类型转换"命令

在打开的"更改列类型"窗口中单击"替换当前转换"按钮，即可将"年"字段数据由"日期"型转变为"文本"型，如图4-34所示。

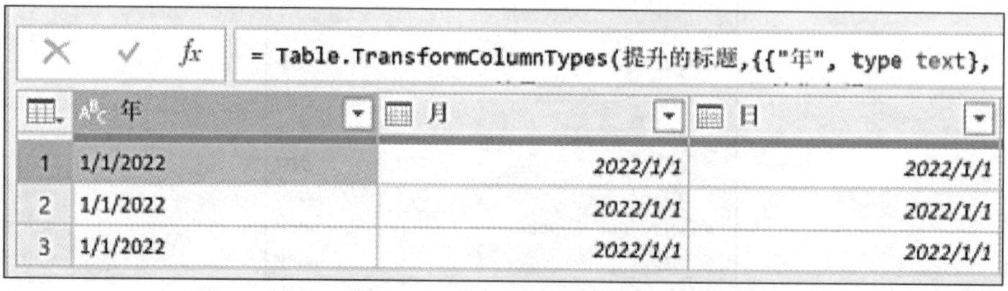

图4-34 "文本"数据类型

数据类型转换完成后，在"文件"选项卡下执行"关闭并应用"命令，即可将整理好的数据保存到数据模型中。

4.2.5 数据格式的转换

在实际工作中，很多数据来自Excel，而Excel中的数据有一些是手工输入的，难免存在不规范的现象，例如，出现了合并单元格、单元格中有回车符、英文名字开头大小写不统一、中文名字前后出现空格等，在导入前应对此类数据格式加以规范处理。"格式"选项下各项操作的含义如表4-2所示。

视频：
数据格式的转换

表4-2 "格式"选项下的操作及含义

格式操作	具体含义
小写	将所选列中的所有字母都转换成小写字母
大写	将所选列中的所有字母都转换成大写字母
每个字词首字母大写	将英文名字的首字母替换成大写字母
修整	从所选列的每个单元格中删除前后空格
清除	清除所选单元格中的非打印字符(常见的是清除多行回车符)
添加前缀	在所选列中的每个值开头添加指定的字符(如编号前加"No.")
添加后缀	在所选列中的每个值末尾添加指定的字符(如在每个城市后加字符"市")

打开案例数据"数据格式转换",在"Power Query编辑器"窗口中,选择"姓名"列,在"转换"选项卡下的"文本列"组中分别执行"格式"→"修整"命令和"格式"→"清除"命令,如图4-35所示。

图4-35 "修整"与"清除"命令

系统将自动清除"姓名"列中多余的空格和回车符,结果如图4-36所示。

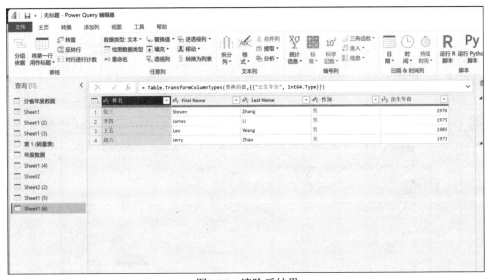

图4-36 清除后结果

选择"First Name"和"Last Name"两列，均在"转换"选项卡下的"文本列"组中分别执行"格式"→"小写"命令，将英文姓名先转换成小写；再执行"格式"→"每个字词首字母大写"命令，将英文姓名的首字母变为大写，结果如图4-37所示。

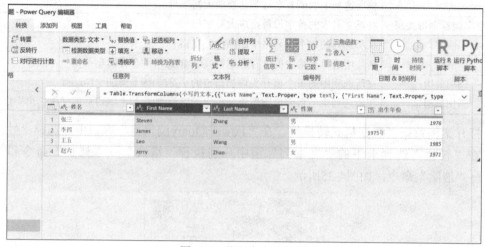

图4-37　英文大小写转换

将"出生年份"列的字段先变成"文本"型，然后在"转换"选项卡下的"任意列"组中执行"替换值"→"替换值"命令，输入要查找的值"年"，将其替换为空，单击"确定"按钮，如图4-38和图4-39所示。

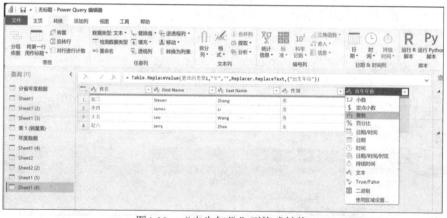

图4-38　"出生年份"列格式转换

图4-39　"年"替换为空

然后，将"出生年份"列的字段变为"整数"型，结果如图4-40所示。

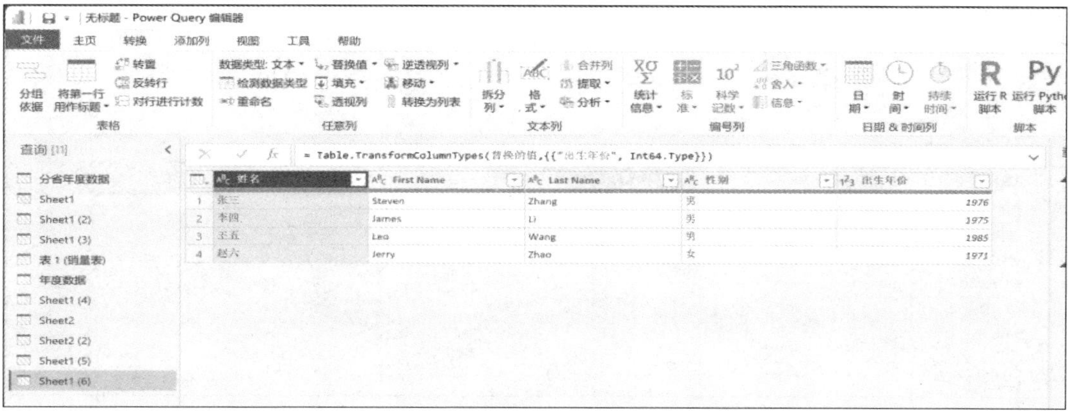

图4-40 列格式调整结果

数据格式转换完成后，在"文件"选项卡下执行"关闭并应用"命令，即可将整理好的数据保存到数据模型中。

4.2.6 数据拆分、提取与合并

数据处理中经常要用到数据的拆分、提取和合并操作，从而得到符合数据分析要求的数据。在Excel中，用户通过函数功能可以完成一定的数据拆分、提取和合并操作。在Power BI的"Power Query编辑器"窗口中，用户只需通过鼠标操作即可实现上述功能。

在"Power Query编辑器"窗口的"转换"和"添加列"选项卡中都有"提取"和"合并列"命令。执行"转换"选项卡中的"提取"和"合并列"命令后，原列不保留；而执行"添加列"选项卡中的"提取"和"合并列"命令后，原列保留，并会生成新的列。

1. 数据的拆分

数据的拆分是指将一列的内容拆分至多列中。拆分列的操作如表4-3所示。

表4-3 拆分列的操作

操作	含义
按分隔符拆分	按指定的分隔符拆分列，主要选项如下： ● 最左侧的分隔符； ● 最右侧的分隔符； ● 每次出现分隔符时
按字符数拆分	按指定的字符数拆分列，主要选项如下： ● 一次，尽可能靠左； ● 一次，尽可能靠右； ● 重复
其他拆分	● 按照大写到小写(或小写到大写)的转换； ● 按照数字到非数字(或非数字到数字)的转换

打开案例数据"数据的拆分"，在"Power Query编辑器"窗口中，选中"姓名"列，在"添加列"选项卡下执行"常规"→"重复列"命令，如图4-41所示。

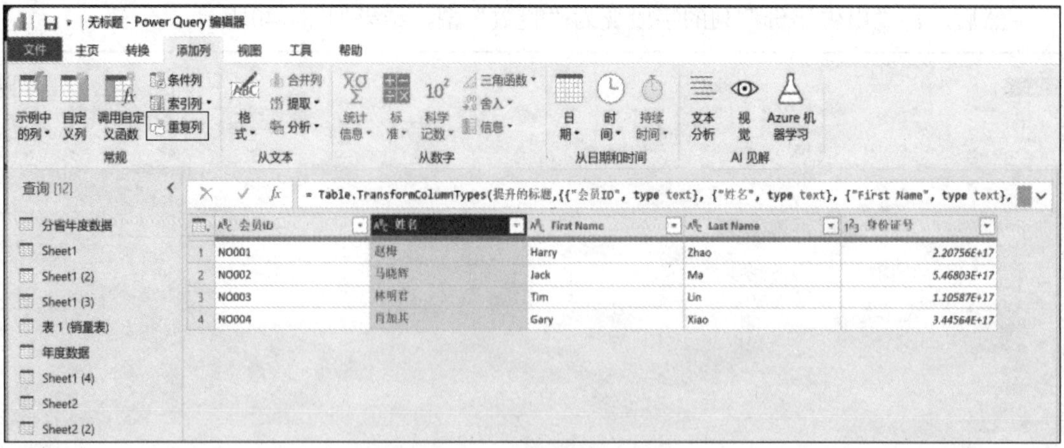

图4-41 "复制列"命令

执行命令后,"姓名"列被复制一份,以备拆分,如图4-42所示。

图4-42 复制"姓名"列

选中"姓名-复制"列,执行"转换"→"文本列"→"拆分列"→"按字符数"命令,输入拆分字符数为"1",选择拆分模式为"一次,尽可能靠左",如图4-43所示。

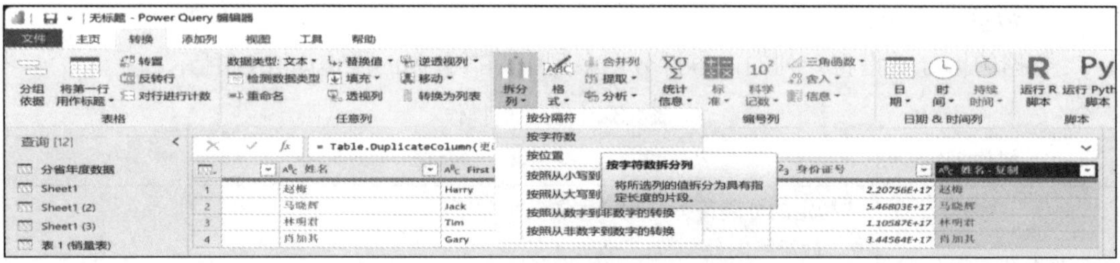

图4-43 "姓名-复制"列拆分命令

单击"确定"按钮,将"姓名-复制"字段拆分成两列,拆分后的字段名分别改为"姓"和"名",结果如图4-44所示。

图4-44 拆分列结果

2. 数据的提取

数据的提取是指从文本中提取某些需要的字符。常见的数据提取方式如表4-4所示。

表4-4 数据提取的方式及含义

方式	含义
长度	提取字符串的长度
首字符	提取数据开始的N个字符(类似Excel中的Left函数)
尾字符	提取数据结尾的N个字符(类似Excel中的Right函数)
范围	提取数据中间的N个字符(类似Excel中的Mid函数)
分隔符控制的文本	提取分隔符之前(之后、之间)的文本

打开案例数据"数据的提取"，在"PowerQuery编辑器"窗口中选中"身份证号"列，将其数据转换为"文本"型，如图4-45所示。

图4-45 转换数据类型

在"添加列"选项卡下的"从文本"组中执行"提取"→"范围"命令，在"提取文本范围"对话框中将起始索引设为"6"(即起始索引要提取的字符前面有6个字符数)，将字符数设为"4"(即提取4个字符数)，如图4-46所示。

图4-46 提取文本范围

单击"确定"按钮，系统将提取出一个新的"年份"列。将该列的字段名称修改为"出生年份"，并在"转换"选项卡下的"文本列"组中执行"格式"→"添加后缀"命令，然后将后缀值设为"年"，单击"确定"按钮，结果如图4-47所示。

图4-47 数据提取结果

3. 数据的合并

数据的合并是指将选中的多列数据合并到一列中。执行"转换"选项卡下的"合并列"命令后，原列被删除；而使用"添加列"选项卡下的"合并列"命令后，原列被保留。

打开案例数据"数据的合并"，在"Power Query编辑器"窗口中同时选中"First Name"和"Last Name"两列后，在"转换"选项卡下的"文本列"组中执行"合并列"命令，并将分隔符设为"空格"，新列名设为"Full Name"，如图4-48所示。

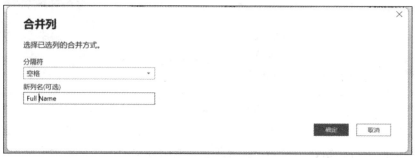

图4-48 合并列选项

单击"确定"按钮，即可将英文姓名合并，结果如图4-49所示。

图4-49 合并列结果

4.2.7 数据的透视与逆透视

在前面的章节中,我们介绍了Power BI中的两个比较重要的概念:一维表和二维表。一维表适合Power BI分析,但是很多的源数据为了方便阅读,都采用的二维表。二维表虽然易于阅读,但是不适合数据分析,因此往往需要将二维表转换为一维表。数据的透视和逆透视是Power Query编辑器中非常重要的功能,主要实现的是二维表和一维表之间的转换。

1. 数据的透视

数据的透视是指将一维表转换为二维表的过程。

打开案例数据"数据的透视",在"Power Query编辑器"窗口中,首先选中"月份"列,将"月份"字段的数据类型改为"文本"型。然后在"转换"选项卡下的"任意列"组中执行"透视列"命令,并在弹出的"透视列"对话框中,将值列选择为"销售额",如图4-50所示。

视频:
数据的透视

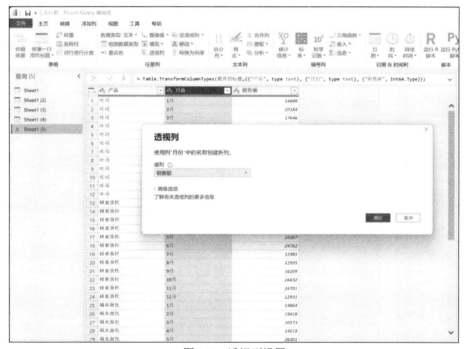

图4-50 透视列设置

单击"确定"按钮,即可将一维表数据透视为二维表数据,结果如图4-51所示。

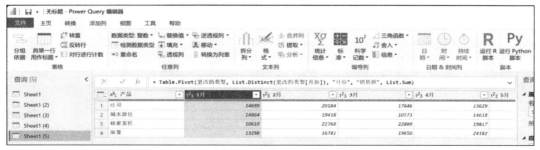

图4-51 数据透视结果

2. 数据的逆透视

数据的逆透视是指将二维表转换为一维表的过程。

打开案例数据"数据的逆透视"，在"Power Query编辑器"窗口中，在"转换"选项卡下的"表格"组中执行"将第一行用作标题"命令，将首行提升为标题栏。

同时选中"1月"至"12月"列，在"转换"选项卡下的"任意列"组中执行"逆透视列"命令，如图4-52所示。

图4-52　逆透视列操作

然后，将"属性"列字段改为"月份"，将"值"列字段改为"销售额"，结果如图4-53所示。

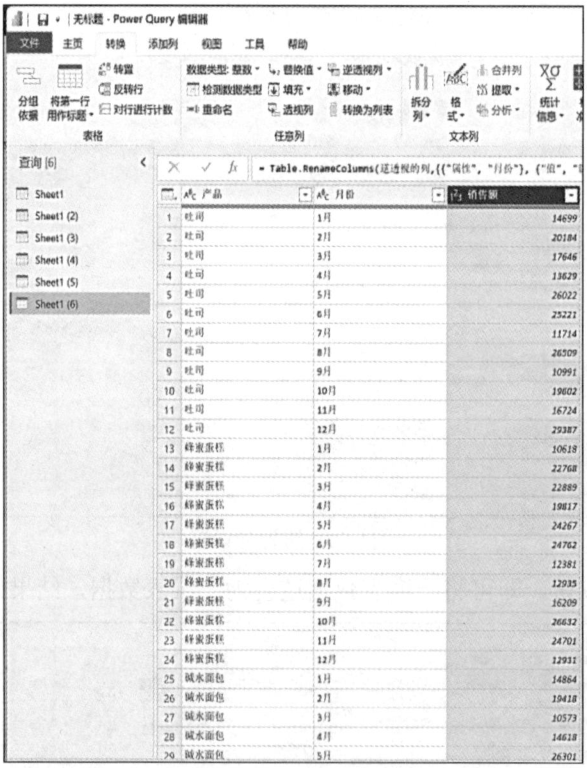

图4-53　数据逆透视结果

4.2.8　分组依据功能

Power BI中的分组依据功能类似于Excel中的分类汇总功能，可以按照某一分类对某行数据或某列数据进行聚合运算。分组依据不仅有数据清洗功能，还具备一定的数据分析功能，这部分功能与 Power Pivot 中的功能有重合。在实际应用中，最好使用 Power Query 做数据处理，使用 Power Pivot 做数据分析，将这两个功能分开使用。

下面以数据案例为例，按客户名称统计客户的销售总额。

打开案例数据"数据分组"，在"Power Query编辑器"窗口中，在"转换"选项卡下的"表格"组中执行"分组依据"命令，如图4-54所示。

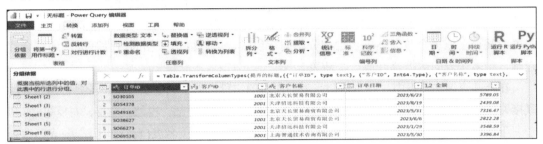

图4-54 分组依据操作

在"分组依据"对话框中，将分组依据设为"客户名称"，将新列名设为"销售总额"，将操作设为"求和"，将柱设为"金额"，如图4-55所示。

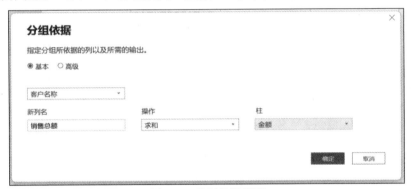

图4-55 分组依据设置

单击"确定"按钮，结果如图4-56所示。

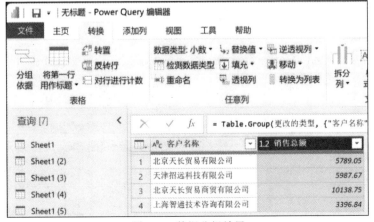

图4-56 数据分组结果

4.2.9 合并查询与追加查询功能

合并查询和追加查询属于表的汇总，可以根据需要将多张表中的数据加载到同一张表中进行分析，其优点是可以避免在日后数据建模时进行跨表查询和计算，从而提高运算效率。

1. 合并查询

合并查询是表与表之间的横向组合，需要两张表之间有相互关联的字段。类似Excel中的Vlookup函数，可以单条件和多条件匹配引用，即把表横向拉长拉扁。当两张或者多张表中某一个或多个数据列下包含部分相同行值时，可以以这些相同值为基准，通过合并查询，将多张表的数据合并成一张新表。

在合并查询的新表中，会生成两张表的所有的字段，而生成哪些数据记录要看两张表的联接关系。合并查询中，表的关系有左外部、右外部、完全外部、内部、左反、右反等6种。

下面以某考试的报名信息和考试信息的数据为例，将报名表(表1)和考试表(表2)做合并查询。报名表包含"姓名"和"报名日期"2个字段共5条记录，报名者分别是A、B、C、D和E；考试表包含"姓名"和"考试日期"2个字段共4条记录，考试者分别是D、E、F和G。两张表以不同联接方式合并后的结果及其含义如表4-5所示。

表4-5 不同联接方式合并后的结果及其含义

联接种类	结果	含义
左外部	ABCDE	表1所有行，表2匹配行(所有报名者的考试信息)
右外部	DEFG	表2所有行，表1匹配行(所有考试者的报名信息)
完全外部	ABCDEFG	表1和表2中所有行(所有报名及考试信息)
内部	DE	表1和表2中匹配行(既报名又考试的信息)
左反	ABC	表1中去掉表2的匹配行(报名但未考试的信息)
右反	FG	表2中去掉表1的匹配行(考试但未报名的信息)

打开案例数据"合并查询"，报名表和考试表显示在"Power Query编辑器"窗口中，在"主页"选项卡下的"组合"组中执行"合并查询"→"将查询合并为新查询"命令，如图4-57和图4-58所示。

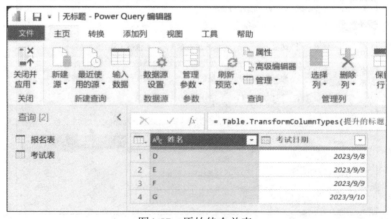

图4-57 原始待合并表

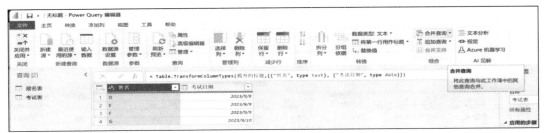

图4-58 合并查询操作

在弹出的"合并"对话框中,选择要合并的"报名表"和"考试表",双击量表的"姓名"列,并选择联接种类为"左外部",如图4-59所示。

图4-59 合并查询选项

单击"确定"按钮,生成新的合并表,如图4-60所示。

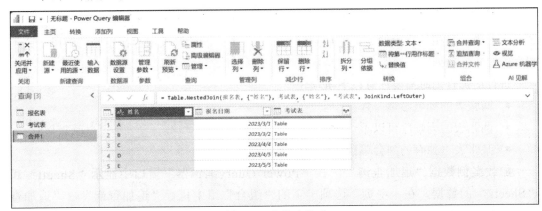

图4-60 合并表生成

单击"考试表"字段左侧的按钮，在弹出的窗口中勾选"考试日期"，如图4-61所示。

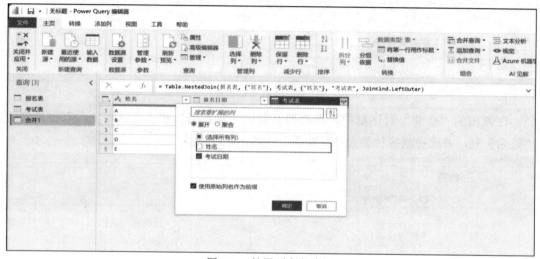

图4-61 扩展列字段选择

单击"确定"按钮，展开字段后的合并表如图4-62所示。

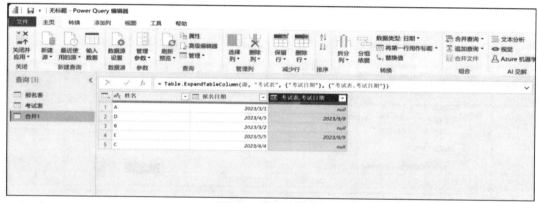

图4-62 合并表结果

2. 追加查询

追加查询是表与表之间的纵向组合。一般情况下，追加查询是把字段一样的数据追加到一张表中，且相同字段的数据追加到同一个字段下。若两张表中存在不同的字段，则不同字段的数据单列。

进行追加查询时需要注意以下事项。

- 两张表的列名必须一致。
- 两张表的列顺序可以不一致。
- 某张表里独有的列会单独呈现。

加载案例数据"追加查询"，在"Power Query编辑器"窗口中显示"Sheet1"和"Sheet2"的数据，在"主页"选项卡下的"组合"组中执行"追加查询"→"追加查询"命令，如图4-63所示。

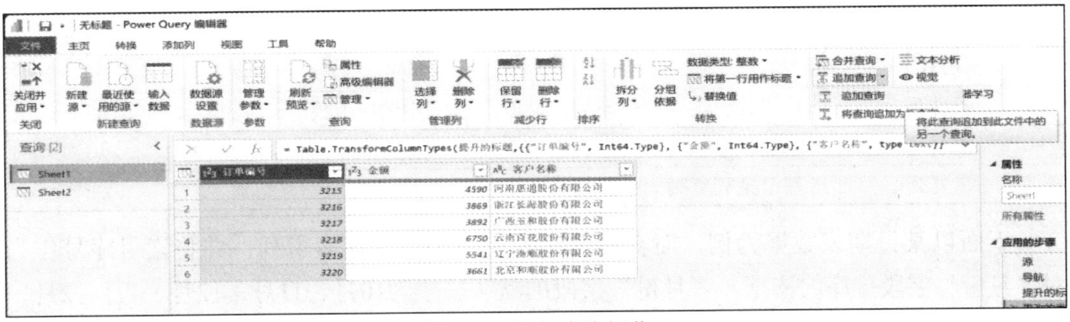

图4-63 追加查询操作

在"追加"对话框中,选择要追加的表为"Sheet2",如图4-64所示。

图4-64 追加表选项

单击"确定"按钮,被追加后的结果如图4-65所示。

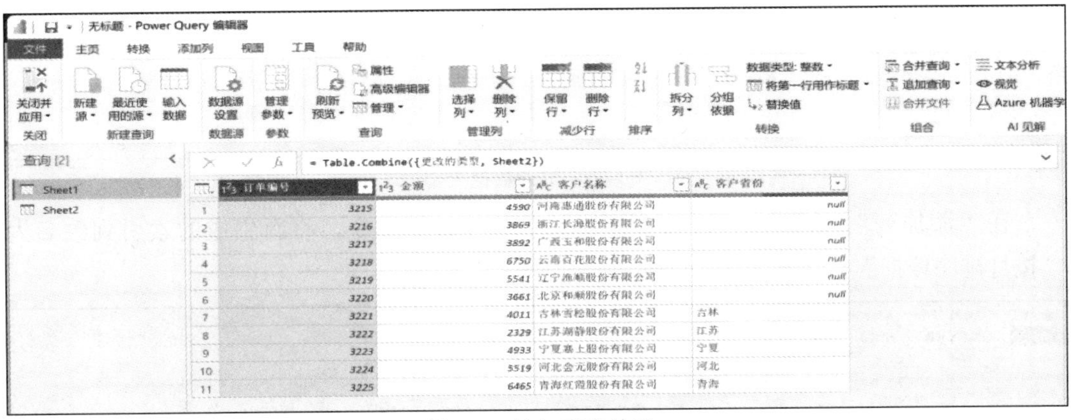

图4-65 追加查询结果

4.2.10 添加列:增加不同用途的列

在对数据进行整理时,有时需要添加一些辅助列,这样对后续的数据分析非常有帮助。常见的添加列操作如表4-6所示。

表4-6 常见的添加列操作

形式	含义
示例中的列	使用示例在表中创建新列
自定义列	通过公式创建新列

续表

形式	含义
条件列	按照某一条件创建新列,类似于Excel中的IF函数
索引列	创建一个新列,其中的索引从某一个数值开始
重复列	基于某列复制一个新列

下面以某日期表数据为例,对其中的"月份"字段创建索引列,并将索引序号作为对"月份"字段排序的依据。"月份"字段的默认排序为10月、11月、12月、1月、2月、3月、4月、5月、6月、7月、8月、9月。设置索引列,可将其按正常顺序排列,即1月、2月、3月、4月、5月、6月、7月、8月、9月、10月、11月、12月。

加载案例数据后,在"Power Query编辑器"窗口中,将"月份"字段类型改为"文本"型,如图4-66所示。

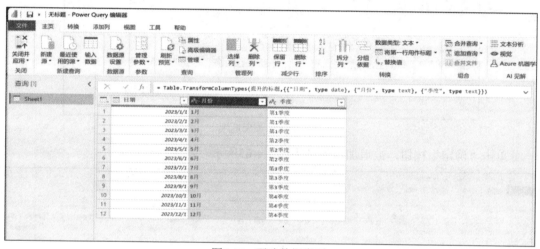

图4-66 更改数据类型

在"添加列"选项卡下执行"索引列"→"从1"命令,将新生成的索引列改名为"按月排序依据",结果如图4-67所示。

图4-67 生成索引列结果

4.2.11 日期和时间的处理

进行数据分析时，经常需要对日期和时间维度表的日期数据和时间数据进行处理。常见的日期和时间的处理操作如表4-7所示。

视频：
日期和时间的处理

表4-7 常见的日期和时间的处理操作

功能	说明
年限	现在(Now)和所选日期之间的持续时间
仅日期	提取日期部分
分析	从文本格式的日期数据中提取正确的日期格式
年	年：提取日期中的年份数据，并显示为数值 年份开始值：提取日期中年份的第一天 年份结束值：提取日期中年份的最后一天
月	月份：提取日期中的月份数据，并显示为数值 月份开始值：提取日期中月份的第一天 月份结束值：提取日期中月份的最后一天 一个月的某些日：提取月份中包含的天数 月份名称：提取日期中的月份数据，并显示为文本
季度	一年的某一季度：计算年初到当前日期的季度数 季度开始值：提取日期中季度的第一天 季度结束值：提取日期中季度的最后一天
周	一年的某一周：计算年初到当前日期的周数 一月的某一周：计算月初到当前日期的周数 星期开始值：提取日期所在星期的第一天 星期结束值：提取日期所在星期的最后一天
天	天：提取日期当天的数值 一年的某一日：计算年初到当前日期的天数 每周的某一日：计算每周第一天到当前日期的天数 星期几：提取日期为星期几
最早、最新	多列日期中保留最早、最晚的一天

时间、持续时间(时间段)的处理思路与日期的处理思路类似，此处不再赘述。

打开案例数据"日期时间的处理"，在"Power Query编辑器"窗口中选中"日期"列，执行"添加列"→"从日期和时间"→"日期"→"年"→"年"命令，如图4-68所示。

图4-68　年处理选项

选中"日期"列,执行"添加列"→"从日期和时间"→"日期"→"月"→"月"命令,如图4-69所示。

图4-69　月处理过程

选中"日期"列,执行"添加列"→"从日期和时间"→"日期"→"季度"→"一年的某一季度"命令,如图4-70所示。

图4-70　季度处理过程

第 4 章 Power BI应用 | 73

选中"日期"列,执行"添加列"→"从日期和时间"→"日期"→"天"→"星期几"命令,如图4-71所示。

图4-71 天处理过程

执行以上命令后,最终结果如图4-72所示。

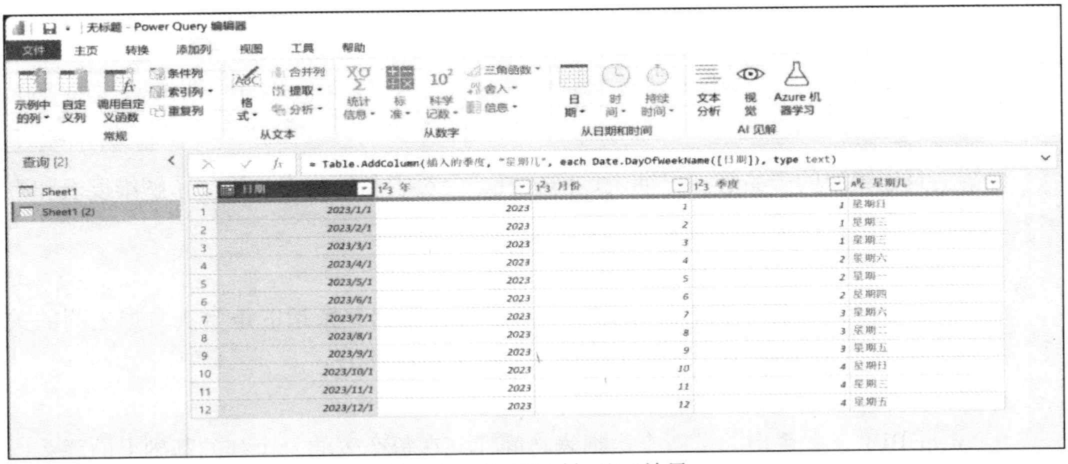

图4-72 日期和时间处理结果

4.3 数据建模

本节主要以某文具连锁店的案例数据为例,介绍在Power BI中进行数据建模的方法。该文具连锁店共有4个维度表和1个事实表。维度表分别是产品表、日期表、门店表和会员表;事实表是销售表。

本项目案例主要是通过维度表中各种维度来分析事实表中的各类销售数据,即通过产品表中的"产品分类名称""产品名称"、日期表中的"年""月""季度"、门店表中的"店铺名称""省份名称"、会员表中的"会员ID""性别"等维度分析销售表中的

"销售金额""销售数量"等度量值信息。

4.3.1 表间关系

在Power BI中,处理的往往是多个表格,而Power BI的优势便在于整合来自各种数据源的不同表格,通过各个维度对数据分类汇总与可视化呈现。其前提是,各个表格之间需要建立某种关系,建立关系的过程就是数据建模。根据分析的需要,还可以通过新建列、新建表、新建度量值等方式构建各类分析数据,也叫作数据建模。数据建模的目的就是构建多维度可视化分析。

视频:
模型与关系讲解

1. 维度表和事实表

为便于数据建模和数据分析,Power BI将表分为维度表和事实表两类。维度表的主要特点是包含类别属性信息,数据量较小。事实表的主要特点是含有多列数值类型的数据,能够提取度量值信息,数据量较大。维度表和事实表的关系是:通过维度表中的不同维度可以分析事实表中的各类度量值数据。事实表和维度表的区别如表4-8所示。

表4-8 事实表和维度表的区别

项目	维度表	事实表
特征	通常存放各种分类信息,数据较少	又叫作数据表,有较多数值型字段,行数较多
举例	日期、地域、客户、产品等	销售数据、存货数据、预算数据等
用途	生成分析表的行或列,生成筛选器和切片器	数值型字段可生成各种分析指标,即度量值
模型视图	"1"的一端	"*"的一端,箭头指向的一端

以某文具连锁店的产品表、日期表、门店表、会员表和销售表为例,了解维度表和事实表之间的关系。

2. 关系和关系模型

进行数据建模时,首先要进行数据关系的管理。数据关系指的是事实数据之间的关系。在不同表的数据之间创建关系,可以增强数据分析的能力。

1) 认识关系

在Power BI中,关系指的是两个数据表之间建立在每个表的一个列的基础上的联系。例如,在门店表和销售表中,通过"门店ID"建立两表之间的关联,即关系。

根据关系的不同,可以将其分为以下3类。

(1) 一对多(1∶*)关系。一对多关系是指一个表(通常为维度表)中的列具有一个值的一个实例,而与其关联的另一个表(通常为事实表)的列具有一个值的多个实例。例如,门店表中的"门店ID"具有唯一值,而销售表中对于相同的"门店ID"则具有多个值。门店表通过"门店ID"和销售表建立关系,即一对多(1∶*)的关系。

(2) 多对一(*∶1)关系。多对一关系与一对多关系正好相反,指的是一个表(通常为事实表)中的列具有一个值的多个实例,而与其关联的另一个表(通常为维度表)仅具有一个值的一个实例。例如,销售表通过"门店ID"和门店表建立关系,即多对一(*∶1)的关系。

(3) 一对一(1∶1)关系。一对一关系是指一个表(事实表)与另一个表(维度表)的记录有一一对应的关系。例如，产品表中的"产品ID"对应产品分类表中的"产品ID"，即一对一(1：1)的关系。

(4) 多对多(*：*)关系。一个表中的一条记录能够对应另一个表中的多条记录；同时，另一个表中的一条记录也能对应一个表中的多条记录。注意，多对多的关系，在实际工作中尽量少用，因为多对多的关系比较复杂，可能会引起关系的紊乱，导致数据建模出现错误。

在Power BI关系设置中，还需要对关系的交叉筛选器方向进行设置。对于大多数关系，交叉筛选器方向均设置为"双向"筛选。双向筛选是指连接的两张表可以互相筛选。而设置为"单向"适用于依据维度表的维度单向对事实表数据进行汇总。在通常情况下，Power BI Desktop会将交叉筛选器方向默认设置为"双向"，但是如果从Excel、Power Pivot导入数据，则默认将所有关系设置为"单向"。

2) 关系模型的布局

关于布局模式的理论来源于数据仓库的方法论。在Power BI中，关系模型的布局是指建立了关联的维度表与事实表的摆放样式。关系模型的布局模式有两种：星形(star)和雪花形(snowflake)。

(1) 星形布局模式。星形布局模式的特点是在事实表外侧只有一层维度表，所有维度表都直接与事实表关联，呈现的形状就像星星一样。

(2) 雪花形布局模式。雪花形布局模式的特点是在事实表外侧有多层维度表，每个维度可能串起多个维度表，就像雪花一样由中心向外延伸。

星形布局模式和雪花形布局模式的区别是：星形布局模式在事实表外侧只有一层维度表，而雪花形布局模式在事实表外侧有多层维度表。显然，星形布局模式较为简单，且更容易掌控，所以一般建议采用星形布局模式。如果在一个维度上又有多个维度，则需想办法把它们合并到一个维度表上，从而简化维度表的结构。例如，可以将产品分类表和产品表合并到一个维度表中，将门店表和门店省份表合并到一个维度表中。

星形布局模式属于一种理想化的布局模式，在实际工作中，应尽量使用此种模式。当不可避免地需要用到多层维度表时，再选择雪花形布局模式。原则上讲，这种基于叠加的多层维度表的雪花形布局模式尽量不要使用。

4.3.2 创建关系

在Power BI Desktop中，导入多个数据表后，如果需要同时利用这些表中的数据，则须借助共同的字段，将这些原本独立的数据表建立起某种逻辑连接，从而创建关系。创建关系的过程，也属于数据建模的范畴。大多数情况下，Power BI会对加载进来的数据表进行自动检测并自动创建关系，但在某些复杂情况下，自动创建的关系也会出现不准确的情况，这时就需要手动创建关系，因此，创建关系有自动创建和手动创建两种方法。

视频：
创建关系

下面以文具连锁店的表格为例创建维度表和事实表之间的关系。需要注意的是，在创建关系前要使用数据处理方法对表格中错误的和空白的数据进行筛选处理，并对日期表的数据进行格式转换，确保数据符合建模要求后，再进行数据建模。

1. 自动创建关系

在Power BI Desktop中打开案例数据"数据建模.pbix"文件，单击 按钮，进入数据建模层面。按照维度表(门店表、产品表、会员表、日期表)在上，事实表(销售表)在下的顺序上下排列，可以查看自动创建关系的报表，如图4-73所示。

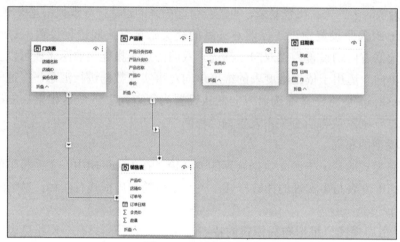

图4-73　自动创建关系

从图中可以看出，因为有相同的字段名称，所以维度表和事实表会自动创建1：*关系。这里的产品表和门店表都与销售表有相同字段，因此自动创建了关系；而会员表和日期表没有与销售表自动创建关系。可见，自动创建的表关系并不完整，因此，有时我们需要手动完善关系创建。

2. 手动创建关系

在模型视图中，日期表的"日期"与销售表的"订单日期"可以建立关联。选中日期表的"日期"字段，将其用鼠标拖曳到销售表的"订单日期"字段，即可手动建立日期表与销售表之间的一对多的关系。用同样的办法，可以根据"会员ID"手动建立会员表与销售表之间的一对多关系。结果如图4-74所示。

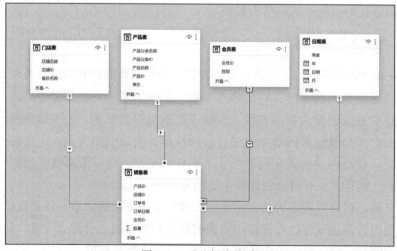

图4-74　手动创建关系

4.3.3 管理关系

1. 编辑关系

对于已经创建的关系，可以通过"编辑关系"进行修改。编辑关系的方法有两种，第一种是切换到模型视图，单击按钮，在"主页"选项卡下执行"管理关系"命令，单击"编辑"按钮(见图4-75)，会弹出"编辑关系"对话框，即可在对话框中对关系进行修改，修改完成后单击"确定"按钮。第二种方法是在模型视图中，直接双击关系连接线，或者右击要修改的关系连接线，在弹出的快捷菜单栏中选择"属性"命令，也会弹出"编辑关系"对话框，即可在对话框中对关系进行修改。

视频：
编辑关系

图4-75　编辑关系操作

2. 删除关系

如果不需要某段关系时，也可以在模型视图中，选中一条关系连接线并单击鼠标右键，从弹出的菜单栏中选择"删除"选项，即可删除建立的关系，如图4-76所示。

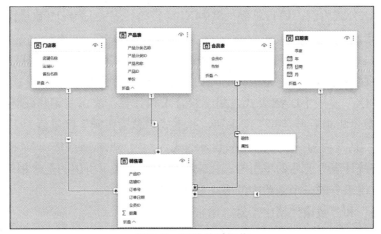

图4-76　删除关系操作

4.4 常用公式及函数

在用Power BI进行数据建模时，经常要用到DAX公式、CALCULATE函数及DIVIDE函数。

4.4.1 DAX公式

Power Pivot通过DAX语言实现数据建模。DAX语言全称为数据分析表达式(data analysis expressions)，是公式或表达式中可用来计算并返回一个或多个值的函数、运算符和常量的集合。DAX语言是一种新的函数式语言，允许用户在Power BI表中的"表""计算列"和"度量值"中自定义计算。

DAX语言主要以函数的形式出现，既包含一些在Excel公式中使用的函数，也包含其他设计用于处理关系数据和执行动态聚合的函数。简而言之，DAX语言可通过模型中已有的数据创建和处理新信息。

1. DAX语法

DAX语法就是公式的编写方式，DAX公式类似于Excel函数，不过DAX公式是基于列或表的计算，引用了"表""列"或度量值。DAX语法规范的前提是数据类型要正确。DAX语法的数据类型主要有整数、小数、文本、布尔、日期时间、货币、空值等。

- 整数：64位整数。
- 小数：64位实数。
- 文本：用文字描述的字符串。
- 布尔：TRUE或者FALSE。
- 日期时间：Power BI中的最早日期是1900年1月1日。
- 货币：小数部分只能保留4位。
- 空值：如果要在公式中使用空值，可以调用BLANK()函数。

以一个DAX公式为例：销售总额=SUMX('销售统计表', [价格]*[数量])，这个DAX函数包含了如下语法元素。

(1)"销售总额"是度量值名称，它是在编写DAX公式时最先输入的自定义内容。

(2)"="是等号运算符，是公式的开头，完成计算后会返回结果。

(3)"SUMX"是一个DAX公式，用于聚合求和计算，表示将销售统计表中的每一行记录的价格与数量相乘后再全部一起求和，并生成"总销售额"度量值。

(4)"()"：括号内为一个或多个参数表达式。

(5)"销售统计表"前后的单引号，用来引用表名，表示引用的是"销售统计表"。

(6)","用于分隔一个函数中的多个参数。

(7)"价格"和"数量"用中括号，用来引用列名。

(8)"*"是乘法运算符，表示"价格"与"数量"两列数据相乘。

2. DAX运算符

与Excel一样,DAX公式也是使用"＋""－""＊""／"这些符号进行运算的,并使用小括号"()"来调整运算的优先次序。DAX公式中基本运算符的分类及含义如表4-9所示。

表4-9　DAX公式中基本运算符的分类及含义

运算符	符号	含义
算数符	＋	加法
	－	减法
	＊	乘法
	／	除法
比较符	＝	等于
	<>	不等于
	>	大于
	>=	大于等于
	<	小于
	<=	小于等于
文本连接符	&	连接字符串
逻辑符	&&	且(and)
	||	或(or)

3. 常用的DAX函数

DAX拥有许多可用于组织或分析数据的函数。这些函数包括聚合函数、逻辑函数、信息函数、数学函数、文本函数、转换函数、日期函数、关系函数、高级聚合函数、时间智能函数、筛选器函数等。

(1) 聚合函数。在实际应用中,常见的聚合函数如表4-10所示。

表4-10　常见的聚合函数

函数	说明
SUM	求和
AVERAGE	求平均值
MEDIEN	求中位值
MAX	求最大值
MIN	求最小值
COUNT	数值格式的计数
COUNTA	所有格式的计数
COUNTBLANK	空白单元格的计数
COUNTROWS	表格中的行数
DISTINCTCOUNT	不重复计数

(2) 逻辑函数。在实际应用中，常见的逻辑函数如表4-11所示。

表4-11　常见的逻辑函数

函数	说明
IF	根据某个或几个逻辑判断是否成立，返回指定的数值
IFERROR	如果计算出错，返回指定数值
AND	逻辑关系的"且"(＆＆)
OR	逻辑关系的"或"(‖)
SWITCH	数值转换

(3) 信息函数。在实际应用中，常见的信息函数如表4-12所示。

表4-12　常见的信息函数

函数	说明
ISBLANK	是否空值
ISNUMBER	是否数值
ISTEXT	是否文本
ISNOTEST	是否非文本
ISERROR	是否错误

(4) 数学函数。在实际应用中，常见的数学函数如表4-13所示。

表4-13　常见的数学函数

函数	说明
ABS	绝对值
ROUND	四舍五入
ROUNDUP	向上舍入
ROUNDDOWN	向下舍入
INT	向下舍入到整数(取整数)

(5) 文本函数。在实际应用中，常见的文本函数如表4-14所示。

表4-14　常见的文本函数

函数	说明
FORMAT	日期或数字格式的转换
LEFT	从左向右取
RIGHT	从右向左取
MID	从中间开始取
LEN	返回指定字符串的长度
FIND	返回一个文本字符在另一个文本字符中的起始位置(区分大小写)

续表

函数	说明
SEARCH	返回一个文本字符在另一个文本字符中的起始位置(不区分大小写)
REPLACE	替换
SUBSTITUTE	查找替换
VALUE	转换成数值
BLANK	返回空值
CONCATENATE	连接字符串，等同于"&"
LOWER	将字母转换成小写
UPPER	将字母转换成大写
TRIM	从文本中删除两个词之间除了单个空格外的所有空格
REPT	重复字符串

(6) 转换函数。在实际应用中，常见的转换函数如表4-15所示。

表4-15　常见的转换函数

函数	说明
FORMAT	日期或数字格式的转换
VALUE	转换成数值
INT	转换成整数
DATE	转换成日期格式
TIME	转换成时间格式
CURRENCY	转换成货币

(7) 日期函数。在实际应用中，常见的日期函数如表4-16所示。

表4-16　常见的日期函数

函数	说明
YEAR	返回当前日期的年份
MONTH	返回1~12的整数(表示月份)
DAY	返回月中第几天的整数
HOUR	返回0~23的整数(表示小时)
MINUTE	返回0~59的整数(表示分钟)
SECOND	返回0~59的整数(表示秒)
TODAY	返回当前的日期
NOW	返回当前的日期和时间
DATE	根据年、月、日生成日期
TIME	根据时、分、秒生成日期时间

DATEVALUE	将文本格式的日期转换成日期格式
TIMEVALUE	将文本格式的时间转换成时间格式
EDATE	调整日期格式中的月份
EOMONTH	返回调整后的日期中月份的最后一天
WEEKDAY	返回1~7的整数(表示星期几)
WEEKNUM	当前日期在一整年中的第几周(1月1日开始算)

(8) 关系函数。在实际应用中，常见的关系函数如表4-17所示。

表4-17 常见的关系函数

函数	说明
RELATED	从关系的一端返回标量值
RELATEDTABLE	从关系的多端返回符合要求的所有记录

(9) 高级聚合函数。在实际应用中，常见的高级聚合函数如表4-18所示。

表4-18 常见的高级聚合函数

函数	说明
SUMX	求和
AVERAGEX	求平均值
MAXX	求最大值
MINX	求最小值
COUNTX	数值格式的计数
COUNTAX	所有格式的计数
MEDIENX	求中位值
RANKX	排名

高级聚合函数中的几个函数可以循环访问表的每一行，并执行计算，所以也被称为迭代函数。

(10) 时间智能函数。在实际应用中，常见的时间智能函数如表4-19所示。

表4-19 常见的时间智能函数

函数	说明
PREVIOUSYEAR/Q/M/D	上一年/季/月/日
NEXTYEAR/Q/M/D	下一年/季/月/日
TOTALYTD/QTD/MTD	年/季/月初至今
SAMEPERIODLASTYEAR	上年同期
PARALLELPERIOD	上一期
DATESINPERIOD	指定期间的日期
DATEADD	日期推移

利用时间智能函数，可以灵活地筛选出需要的时间区间。做同比、环比、滚动预测、移动平均等数据分析时，都会用到这类函数。

(11) 筛选器函数。在实际应用中，常见的筛选器函数如表4-20所示。

表4-20 常见的筛选器函数

函数	说明
FILTER	按条件筛选数据
VALUES	返回列或者表去重后的结果
TOPN	返回前几名的数据
ALL	返回所有数据
ALLEXCEPT	返回所有数据，除了……
ALLNONBLANKROW	返回非空白行的所有数据

ALL函数不能单独使用，一般与CALCULATE函数一起使用。ALL函数的一般格式为"ALL(表或列)"，功能是返回表或列的所有值。使用ALL函数可以清除一切外部筛选，并能扩大筛选范围。

FILTER 函数属于高级筛选器函数，不能单独使用，一般与CALCULATE函数一起使用。FILTER函数的一般格式为"FILTER(表，筛选条件)"，其中的第一个参数是要筛选的表，第二个参数是筛选条件，功能是按指定筛选条件返回一张表。利用FILTER函数可以实现更加复杂的筛选。

4. 创建计算列

计算列是通过引用其他列或其他列数据的运算结果而创建的新列，可转换或合并现有数据表中的两个或多个列，也可以使用DAX函数创建新列。

视频：
创建计算列

在进行数据分析的时候，可以凭借现有的数据生成需要的数据字段，例如，数据表中已有"单价"和"数量"字段，通过这两个字段就可以得到"金额"字段的数据(金额＝数量*单价)。这种类型的表叫作列存储式表，即每一列都是按照一个公式逻辑来计算。

下面以某文具连锁店的4个维度表(产品表、日期表、门店表和会员表)和1个事实表(销售表)为例，在销售表中引入产品表的"单价"列，并生成"金额"列。任务实现过程中会用到如下度量值：

单价＝RELATED('产品表'[单价])

金额＝'销售表'[数量]*'销售表'[单价]

在Power BI Desktop中，打开案例数据"数据建模.pbix"文件，单击窗口左侧的数据视图按钮 ⊞，然后在窗口右侧的"数据"窗格中选择"销售表"，单击"订单号"字段右侧的下拉按钮，从弹出的菜单中选择"以升序排序"选项，如图4-77所示。

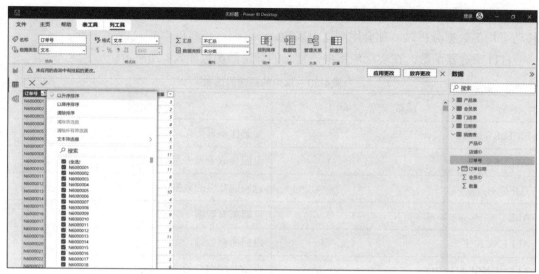

图4-77 升序排列数据

在"表工具"选项卡下的"计算"组中执行"新建列"命令，即可生成一个新的空白计算列，在计算列的公式编辑栏中输入公式"单价＝RELATED('产品表'[单价])"，或用系统智能感知功能，选择输入的公式，如图4-78所示。

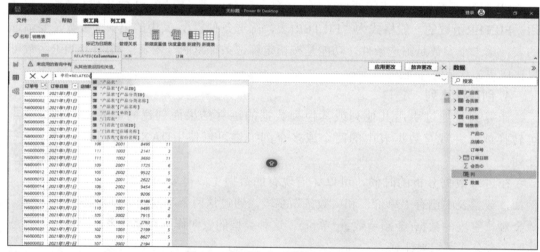

图4-78 新建空白"单价"计算列

生成"单价"计算列，结果如图4-79所示。

用同样方式新建计算列，并在公式编辑栏中输入公式"金额＝'销售表'[数量]*'销售表'[单价]"，即可生成一个"金额"计算列，结果如图4-80所示。

5. 创建度量值

度量值是数据建模的核心内容之一。在Power BI中，度量值是用DAX函数构建的一个只显示名称而无实际数据的字段，不仅能完成简单的数据统计工作(如求和、计数、求均值等)，还能使用复杂嵌套的公式完成更高级的计算。

图4-79 生成"单价"计算列

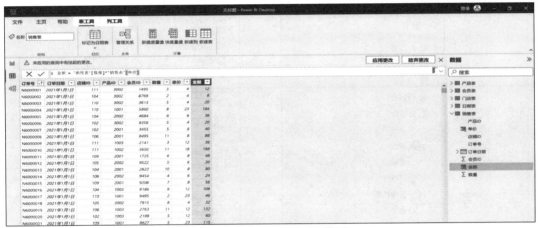

图4-80 生成"金额"计算列

度量值不会改变源数据和数据模型，也不会占用报表内存，只有在报表视图中创建可视化效果时才会调用度量值参与计算，且可以随时被调用，称为"移动的公式"。例如：要构建某文具连锁店的多维度销售分析指标体系，我们需要通过构建一系列度量值来实现。此外，度量值还可以用于商业分析，如销售环比或同比增长率等维度的分析；也可用于财务分析，如营业利润率、资产负债率、应收账款周转率等指标的分析。

在Power BI Desktop中，度量值通常在事实表中被创建，并且用户可以在报表视图或数据视图中创建和使用这些度量值。

以某文具连锁店为例，在销售表中创建销售分析的4个度量值：

销售金额＝SUM('销售表'[金额])

销售数量＝SUM('销售表'[数量])

营业店铺数量＝DISTINCTCOUNT('销售表'[店铺ID])

单店平均销售额＝[销售金额]/[营业店铺数量]

视频：
创建度量值演示

在Power BI Desktop中，打开案例数据"新建度量值.pbix"文件，单击窗口左侧的数据视图按钮，然后在窗口右侧的"数据"窗格中选择"销售表"，在"表工具"选项卡下的"计算"组中执行"新建度量值"命令，在公式编辑栏中输入度量值公式：销售金额＝SUM('销售表'[金额])，如图4-81所示。

图4-81　输入度量值公式

度量值创建好后，在"数据"窗格中的"销售表"下方可以看到新增加的"销售金额"度量值，如图4-82所示。

用同样的方法，创建"销售数量""营业店铺数量"和"单店平均销售额"3个度量值，结果如图4-83所示。

图4-82　新增"销售金额"度量值　　图4-83　新增三个度量值结果

在创建计算列的任务中，我们创建了一个"金额"列，将其创建成度量值也是可以的。新建列和新建度量值输入的都是DAX公式，区别在于，新建列会实际存储在某一张表中，占用计算机内存。如果表中数据量较大，则会影响模型的运算速度。度量值是以公式形式存储的，不使用的时候并不占用内存空间，只有将其拖曳到相关的属性值中时才参与运算。因此，度量值很灵活，在运算速度上有很大的优势。另外，度量值输出的是值，即通过运算得到的结果。对于像"产品分类"或"门店名称"等属性类信息，需要把它们放入筛选器、切片器、行和列中，这时就不能用度量值来输出，只能用列来完成。在实际运用中，当面临选择新建列和新建度量值时，建议遵循一个基本原则：能用度量值来解决的问题，优先考虑使用度量值，尽量避免使用计算列。

4.4.2 CALCULATE函数

CALCULATE 函数是DAX 函数中最复杂也是最强大的函数，是DAX函数的引擎，该函数用于在指定筛选器修改的上下文中计算表达式。CALCULATE的定义理解起来比较抽象晦涩，通俗地讲，CALCULATE 就是"按单条件或多条件引用某度量值"，返回的结果是一个值。

CALCULATE函数经常和ALL、FILTER、SUM等函数嵌套使用。其语法格式为CALCULATE(表达式，<筛选条件1>，<筛选条件>…)。

例如：发货数量=CALCULATE([商品总计]),'发货明细表'[城市]="广州"，这个函数中的基本原理是：

- 对发货明细表中的"城市"字段进行筛选，筛选条件是"广州"；
- 对筛选出来的表执行商品总计(引用提前计算好的度量值)；
- 将筛选后的"商品总计"度量值引用出来。

下面以某文具连锁店的维度表和事实表为例，生成广州市门店不同年度、不同产品分类的销售金额表。在生成表格的过程中，我们需要运用CALCULATE函数创建"广州市门店销售金额"的度量值。

视频：
创建度量值演示

广州市门店销售金额=CALCULATE('销售表'[销售金额],FILTER('门店表','门店表'[店铺名称]="广州市"))

在Power BI Desktop中，打开案例数据"数据建模.pbix"文件，单击窗口左侧的数据视图按钮，然后在窗口右侧的"数据"窗格中选择"销售表"，在"表工具"选项卡下的"计算"组中执行"新建度量值"命令，在公式编辑栏中输入度量值公式：广州市门店销售金额=CALCULATE('销售表'[销售金额],FILTER('门店表','门店表'[店铺名称]="广州市"))，并保存。

单击窗口左侧的报表视图按钮 ，在"可视化"窗格中选择"生成视觉对象"，单击"矩阵"按钮，设置矩阵的属性，如图4-84所示。

然后，在"可视化"窗格中选择"设置视觉对象格式"，设置矩阵的格式，如图4-85所示。

图4-84 矩阵属性设置　　图4-85 设置矩阵格式

生成的矩阵如图4-86所示。

⊟ 笔		624	958	1250	1504	4336
	铅笔	208	346	498	592	1644
	圆珠笔	416	612	752	912	2692
⊟ 笔记本		1862	1870	2742	4082	10556
	软壳笔记本	750	750	1278	1674	4452
	硬壳笔记本	1112	1120	1464	2408	6104
⊟ 玩具车		5189	7051	10533	14037	36810
	模型车	1656	1284	2148	2208	7296
	扭扭车	1440	3168	4176	6516	15300
	遥控车	2093	2599	4209	5313	14214
总计		7675	9879	14525	19623	51702

图4-86　生成矩阵结果

4.2.3　DIVIDE函数

在做财务数据和财务报表分析时，很多财务指标都是相对值，如环比增长率、销售利润率、资产负债率、存货周转率、每股收益等，它们的数学表达式都使用了除法。我们可以使用运算符"／"进行除法运算，但当分母为0时，系统会报错。

DIVIDE 函数又叫作安全除法函数，其格式为"DIVIDE(分子，分母)"。它的优点是当分母为0时，系统不报错，可以显示为空或其他特定信息。

下面以某文具连锁店数据为例，在销售表下创建如下两个度量值，用DEVIDE函数计算销售金额的增长率。

在Power BI Desktop中，打开"DIVIDE函数.pbix"文件，单击窗口左侧的数据视图按钮，然后在窗口右侧的"数据"窗格中选择"销售表"，在"表工具"选项卡下执行"新建度量值"命令，在公式编辑栏中输入度量值公式：

视频：
创建度量值演示

上月销售额＝CALCULATE('销售表'[销售金额], PREVIOUSMONTH('日期表'[日期]))

销售额增长率＝DIVIDE('销售表'[销售金额]-'销售表'[上月销售额],
'销售表'[上月销售额])

度量值创建如图4-87和图4-88所示。

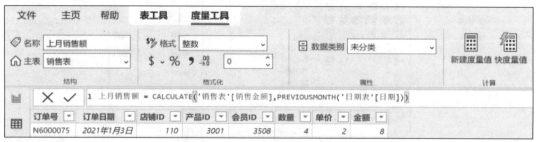

图4-87　"上月销售额"度量值

图4-88 "销售额增长率"度量值

单击窗口左侧的报表视图按钮,然后在"可视化"窗格中选择"生成视觉对象",单击"矩阵"按钮,设置矩阵的属性,如图4-89所示。

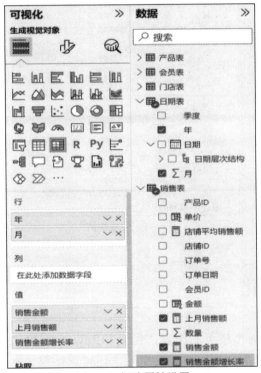

图4-89 矩阵属性设置

选中右侧"销售金额增长率"度量值,在"度量工具"选项卡的"格式化"组中单击"%"按钮,设置小数位为"2",如图4-90所示。

图4-90 设置"销售金额增长率"度量值格式

生成的矩阵如图4-91所示。

年	销售金额	上月销售额	销售金额增长率
⊟ 2021	642123		
1	34719		
2	44600	34719	28.46%
3	58384	44600	30.91%
4	57670	58384	-1.22%
5	55752	57670	-3.33%
6	53374	55752	-4.27%
7	56581	53374	6.01%
8	55765	56581	-1.44%
9	54795	55765	-1.74%
10	55693	54795	1.64%
11	56224	55693	0.95%
12	58566	56224	4.17%
⊟ 2022	1094775	58566	1769.30%
1	53828	58566	-8.09%
2	67453	53828	25.31%
3	52194	65509	-20.33%
4	68765	51763	32.85%
5	77570	67974	14.12%
6	71296	79118	-9.89%
7	92083	71426	28.92%
8	100738	91165	10.50%
9	114539	101419	12.94%
10	123940	111766	10.89%
11	129260	123249	4.88%
12	143109	130020	10.07%
总计	1736898		

图4-91 生成矩阵

4.5 数据可视化

虽然Excel也可以制作精美的图表，但是和Power BI相比，其可视化展现效果还是略逊一筹。Power BI的图表不仅可以交互，还可以钻取，在图表的样式上大大超越了Excel。

Power BI自带的可视化对象有条形图、柱形图、折线图、组合图、面积图、丝带图、瀑布图、散点图、饼图、环形图、树状图、地图、漏斗图、仪表图、卡片图、多行卡、KPI图、表、矩阵和切片器等。本章节重点介绍与财务分析相关的可视化图像。

本章节内容仍以某文具连锁店的数据为基础，对该文具连锁店的各项销售数据进行进一步处理、分析及优化，通过对各项数据的可视化分析，找出企业销售存在的问题。

本章节案例数据包含4个维度表(产品表、日期表、门店表和会员表)和2个事实表(销售表和目标表)。打开案例数据"数据可视化-初始.pbix"文件，建立这6张表格的关系模型。这6张表的关系模型视图如图4-92所示。

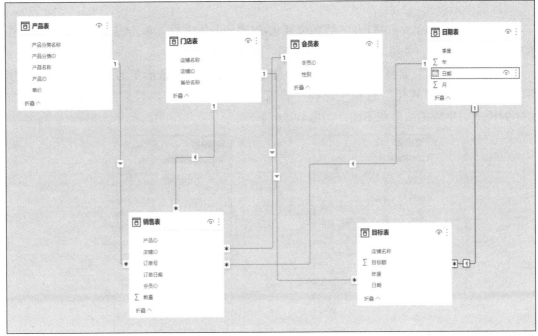

图4-92 案例表格的关系模型视图

本案例数据共需要新建10个度量值。其中，在销售表上需建立以下度量值。

销售金额＝SUM('销售表'[金额])

销售数量＝SUM('销售表'[数量])

营业店铺数量＝DISTINCTOUNT('销售表'[店铺ID])

单店平均销售额＝[销售金额]/[营业店铺数量]

上月销售额＝CALCULATE('销售表'[销售金额],PREVIOUSMONTH('日期表'[日期]))

销售金额环比＝DIVIDE('销售表'[销售金额]–'销售表'[上月销售额],'销售表'[上月销售额])

上年销售额＝CALCULATE('销售表'[销售金额],SAMEPERIODLASTYEAR('日期表'(日期))

销售金额同比＝DIVIDE('销售表'[销售金额]–'销售表'[上年销售额],'销售表'[上年销售额])

在目标表上需要新建以下度量值。

销售目标额＝SUM('任务表'[目标额])

目标额完成度＝DIVIDE('销售表'[销售金额]，'任务表'[销售目标额])

视频：
创建销售表
度量值演示

4.5.1 新建可视化图表

1. 条形图

条形图是可视化图表中最常见的一种图表，可以利用条形的长度来反映数据的差异。由于人眼对长短差异比较敏感，容易快速识别，因此，条形图比较适用于多个项目的分类排名比较。在Power BI中，条形图可分为简单条形图、堆积条形图、簇状条形图、百分比堆积条形图4种。下面我们用条形图来展示文具连锁店的不同产品分类下的销售金额。

(1) 简单条形图。

在Power BI Desktop中打开"数据可视化-初始.pbix"文件，单击窗口左侧的报表视图按钮，新建报表页，并将其改名为"条形图"。

单击"可视化"窗格中的"简单条形图"按钮，设置条形图的属性，如图4-93所示。然后，在"可视化"窗格中选择"设置视觉对象格式"，设置条形图的格式，如图4-94所示。生成的简单条形图，如图4-95所示。

图4-93　简单条形图设置

图4-94　设置简单条形图格式

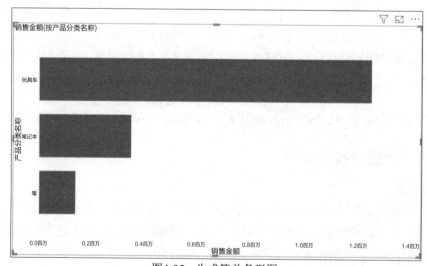

图4-95　生成简单条形图

(2) 堆积条形图。

如果想要在条形图中明确不同产品的销售金额，则需要进一步在图例中增加"产品名称"，在简单条形图的基础上，调整堆积条形图设置，如图4-96所示。生成的堆积条形图，如图4-97所示。

图4-96　堆积条形图设置

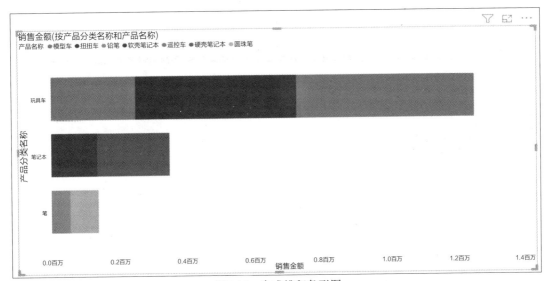

图4-97　生成堆积条形图

(3) 簇状条形图。

如果想要不同产品的分条列示，则需要用到簇状条形图。

单击"可视化"窗格中的"簇状条形图"按钮，设置簇状条形图的属性，如图4-98所示。生成的簇状条形图，如图4-99所示。

图4-98　簇状条形图设置

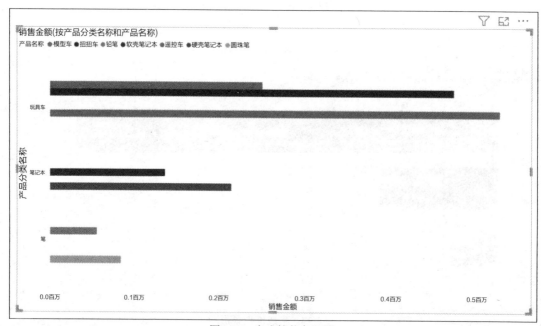

图4-99　生成簇状条形图

(4) 百分比堆积条形图。

我们用百分比堆积条形图来展示文具连锁店不同产品分类下的销售金额占总分类金额的百分比。

单击"可视化"窗格中的"百分比堆积条形图"按钮，设置"百分比堆积条形图"的属性，如图4-100所示。生成的百分比堆积条形图，如图4-101所示。

图4-100　百分比堆积条形图设置

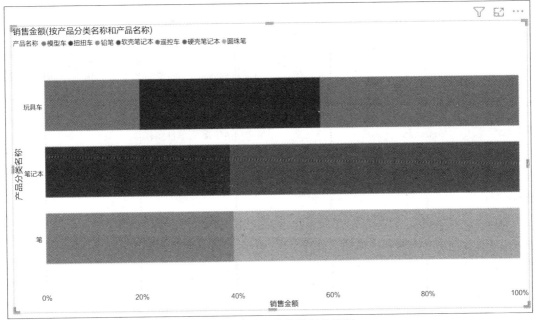

图4-101　生成百分比堆积条形图

2. 柱形图

柱形图与条形图一样，便于用户比较各组数据之间的差别，因此也被广泛应用于财务数据统计和分析中。柱形图可分为简单柱形图、堆积柱形图、簇状柱形图、百分比堆积柱形图4种。

(1) 简单柱形图。

我们用简单柱形图来展示文具连锁店不同季度的销售金额。

打开"数据可视化-初始.pbix"文件，单击窗口左侧的报表视图按钮，新建报表页，并将其改名为"柱形图"。

单击"可视化"窗格中的"简单柱形图"按钮 ，设置简单柱形图的属性，如图4-102所示。生成的简单柱形图，如图4-103所示。

图4-102　简单柱形图设置　　　　图4-103　生成简单柱形图

(2) 堆积柱形图。

如果想要了解文具连锁店不同季度、不同产品分类的销售金额，可以使用堆积柱形图来展示。

单击"可视化"窗格中的"堆积柱形图"按钮 ，设置堆积柱形图的属性，如图4-104所示。生成的堆积柱形图，如图4-105所示。

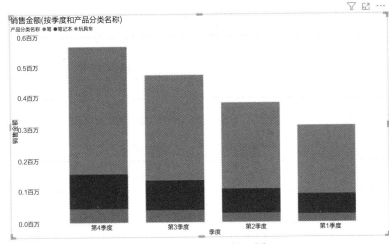

图4-104 堆积柱形图设置　　　图4-105 生成堆积柱形图

(3) 簇状柱形图。

如果想要更加直观地对比不同产品的销售金额，可以使用簇状柱形图来展示文具连锁店不同季度、不同产品分类的销售金额。

单击"可视化"窗格中的"簇状柱形图"按钮 ，设置簇状柱形图的属性，如图4-106所示。生成的簇状柱形图，如图4-107所示。

图4-106 簇状柱形图设置

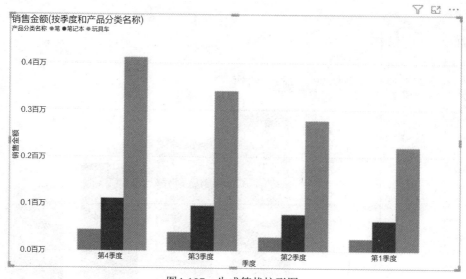

图4-107　生成簇状柱形图

(4) 百分比堆积柱形图。

我们用百分比堆积柱形图来展示文具连锁店不同季度、不同产品分类的销售金额占总分类金额的百分比。

单击"可视化"窗格中的"百分比堆积柱形图"按钮，设置百分比堆积柱形图的属性，如图4-108所示。生成的百分比堆积柱形图，如图4-109所示。

图4-108　百分比堆积柱形图设置

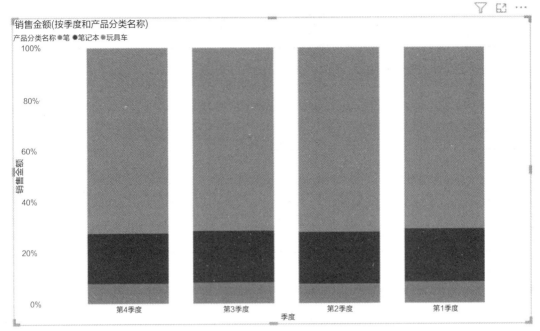

图4-109　生成百分比堆积柱形图

3. 折线图

折线图是财务指标分析中最常用的图表之一，可以连接各个单独的数据点，更加简单、清晰地展现数据变化的趋势，因此非常适合显示相同时间间隔下的数据趋势，尤其是趋势比单个数据点更为重要的场景。例如，某上市公司近一年的每股收益变化、某企业权益净利率的变化等。折线图与柱形图结合使用，可以提供多维度的序列分析。

我们用折线图来展示文具连锁店不同月份、不同产品分类的销售金额变化趋势。

打开"数据可视化-初始.pbix"文件，单击窗口左侧的报表视图按钮，新建报表页，并将其改名为"折线图"。

单击"可视化"窗格中的"折线图"按钮，设置折线图的属性，如图4-110所示。生成的折线图，如图4-111所示。

图4-110　折线图设置

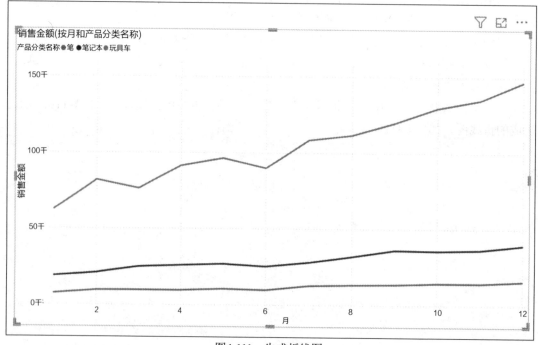

图4-111　生成折线图

4. 组合图

组合图是将折线图和柱形图合并在一起的单个可视化效果。将两个图表合并为一个图表，可以进行更快、更全面的数据比较，其中折线图展示趋势的变化，柱形图展示数量的变化。组合图可以具有一个或两个Y轴。

组合图适用的情况如下。

- 具有相同X轴的折线图和柱形图。
- 比较具有不同值范围的多个度量值。
- 在一个可视化效果中说明两个度量值之间的关联。

组合图可分为折线-堆积柱形图、折线-簇状柱形图。

(1) 折线-堆积柱形图。

下面我们用折线-堆积柱形图来展示文具连锁店不同月份、不同产品分类的销售金额及销售数量变化趋势。

打开"数据可视化-初始.pbix"文件，单击窗口左侧的报表视图按钮，新建报表页，并将其改名为"组合图"。

单击"可视化"窗格中的"折线和堆积柱形图"按钮，设置折线-堆积柱形图的属性，如图4-112所示。生成的折线-堆积柱形图，如图4-113所示。

图4-112 折线-堆积柱形图设置

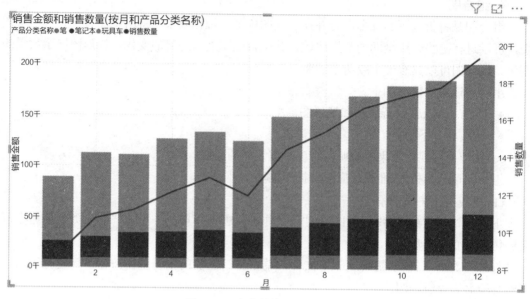

图4-113　生成折线-堆积柱形图

(2) 折线-簇状柱形图。

文具连锁店不同月份、不同产品分类的销售金额及销售数量变化趋势还可以用折线-簇状柱形图展示。

单击"可视化"窗格中的"折线-簇状柱形图"按钮，设置折线-簇状柱形图的属性，如图4-114所示。生成的折线-簇状柱形图，如图4-115所示。

图4-114　折线-簇状柱形图设置

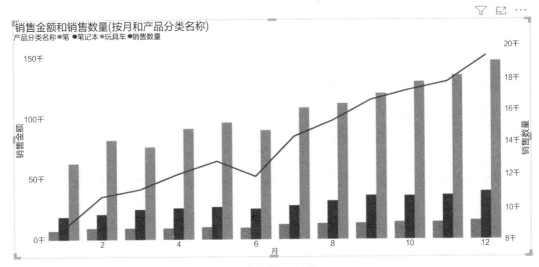

图4-115　生成折线-簇状柱形图

5. 面积图

面积图主要用于反映各类别数据变化的趋势及占比情况。在Power BI中有两种面积图，即分区图和堆积面积图。

分区图是一种标准的面积图，它是在图表中用折线把每个序列的数据点连接起来，这条折线和纵、横轴之间的区域用颜色或阴影填充，看上去就像层层叠叠的山脉，进一步增强图表的易读性。通常情况下，面积图被用来比较两个或两个以上类别数据的变化。

直观来看，分区图就是涂上颜色的折线图，但事实上，分区图除了可以表达折线图的变化趋势外，通过没有重叠的阴影面积还能反映差距变化的情况。通过面积来展现数量，正是面积图相较于折线图的一个优势。

(1) 分区图。

下面我们用分区图来展示文具连锁店不同月份、不同产品分类的销售金额变化趋势。

打开"数据可视化-初始.pbix"文件，单击窗口左侧的报表视图按钮，新建报表页，并将其改名为"面积图"。

单击"可视化"窗格中的"分区图"按钮，设置分区图的属性，如图4-116所示。生成的分区图，如图4-117所示。

图4-116 分区图设置

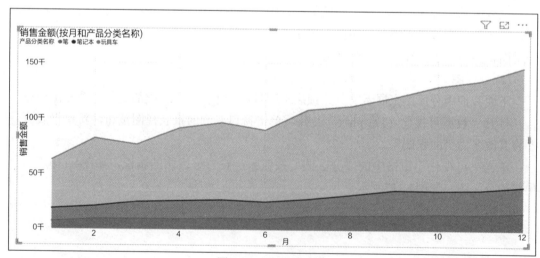

图4-117 生成分区图

(2) 堆积面积图。

和分区图不同，在堆积面积图中，其色彩不会重叠、不会遮盖，每种颜色的阴影反映的是不同序列的数据。需要注意的是，纵轴的数据对应的是总体的值，并不和单一序列的数据相对应，每种阴影的相对高度才是该序列的值，每种色彩的面积和边界的缩放对应该序列量的大小和变化趋势。

单击"可视化"窗格中的"堆积面积图"按钮，设置堆积面积图的属性，如图4-118所示。生成的堆积面积图，如图4-119所示。

图4-118　堆积面积图设置

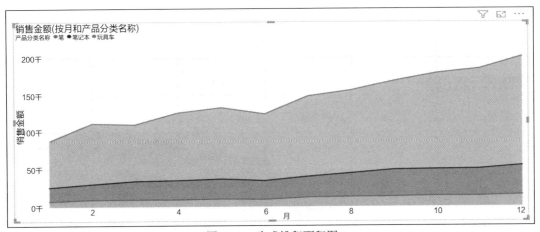

图4-119　生成堆积面积图

6. 丝带图

由于丝带图能够高效地显示排名变化，并且会在每个时间段内始终将最高排名(值)显示在最顶部，所以在财务数据可视化分析中，我们可以使用丝带图来直观地显示数据，并快速发现数据中的最大值。

下面我们用丝带图来展示文具连锁店不同月份、不同产品分类的销售金额变化排名。

打开"数据可视化-初始.pbix"文件，单击窗口左侧的报表视图按钮，新建报表页，并将其改名为"丝带图"。

单击"可视化"窗格中的"丝带图"按钮，设置丝带图的属性，如图4-120所示。生成的丝带图，如图4-121所示。

图4-120　丝带图设置

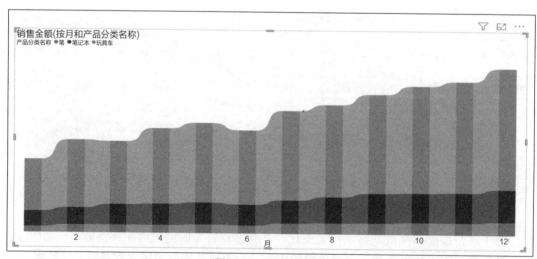

图4-121　生成丝带图

7. 饼图和环形图

饼图和环形图常用来展示财务报表部分与整体的关系，如直接材料占成本的比重、原材料占存货的比重等。环形图与饼图唯一的区别是其中心为空，因而有空间来展示标签或按钮。

饼图展现的是个体占总体的比例，利用扇面的角度来展示比例大小。需要注意的是，饼图内的展示的部分不宜设置太多，3～5个为宜，且显示的占比数据应保证总和为100%。由于饼图展现的是比例关系，所以不同的饼图不适合比较。

由于环形图就是中间挖空的饼图，看起来像个甜甜圈，因此这种图表也被戏称为"甜甜圈图"。环形图表示比例的大小不依靠扇形的角度，依靠的是环形的长度。

由于人类的视力对圆内角度和环形的长度辨识度较弱，因此饼图和环形图不宜用来展示占比差异不大的数据。

(1) 饼图。

下面我们用饼图来展示文具连锁店不同产品分类的销售金额占比。

打开"数据可视化-初始.pbix"文件，单击窗口左侧的报表视图按钮，新建报表页，并将其改名为"饼图"。

在"可视化"窗格中选择"生成视觉对象"，单击"饼图"按钮，设置饼图的属性，如图4-122所示。然后，在"可视化"窗格中选择"设置视觉对象格式"，调整饼图的格式，将"图例-位置"设为"靠上居中"，将"详细信息-值的小数位"设为"2"，如图4-123所示。生成的饼图，如图4-124所示。

图4-122　饼图设置　　　图4-123　设置饼图格式

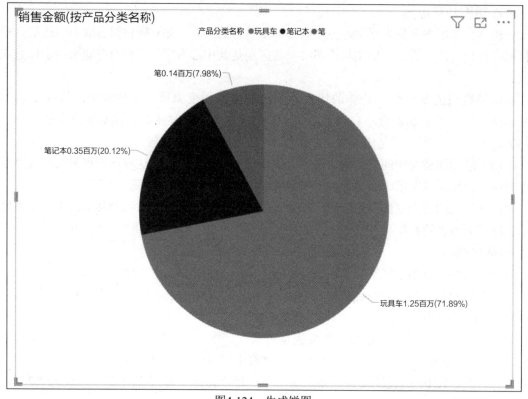

图4-124 生成饼图

(2) 环形图。

下面我们用环形图来展示文具连锁店不同产品分类的销售金额占比。

打开"数据可视化-初始.pbix"文件,单击窗口左侧的报表视图按钮,新建报表页,并将其改名为"环形图"。

在"可视化"窗格中选择"生成视觉对象",单击"环形图"按钮,如图4-125所示。然后,在"可视化"窗格中选择"设置视觉对象格式",调整环形图的格式,将"图例-位置"设为"靠上居中",将"详细信息-值的小数位"设为"2"。生成的环形图,如图4-126所示。

第 4 章 Power BI应用 | 109

图4-125 环形图设置

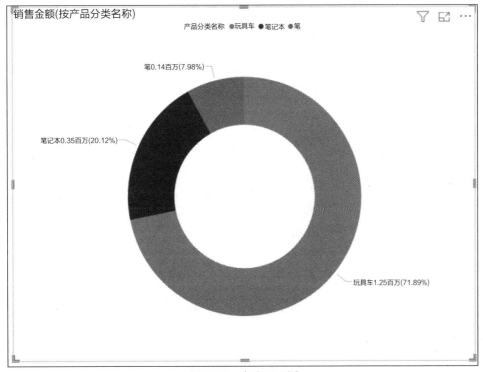

图4-126 生成环形图

8. 树状图

在对利润表中成本费用各项目的占比进行可视化分析时，经常会使用树状图。树状图也称为矩形树图，即图中的每一个数据用矩形表示，矩形大小按数据在整体中的比重显示，所有矩形错落有致地排放在一个整体的大矩形中。树状图通过每个矩形的大小、位置和颜色来区分各个数据的权重关系，以及占总体的比重，对于整个数据集的状况及各个数据的占比，用户可以一目了然。树状图不仅可以表示单层数据关系，还可以用来展现双层结构。

下面我们用树状图来展示文具连锁店不同产品的销售金额及占总体的比重。

打开"数据可视化-初始.pbix"文件，单击窗口左侧的报表视图按钮，新建报表页，并将其改名为"树状图"。

单击"可视化"窗格中的"树状图"按钮，设置树状图的属性，如图4-127所示。然后，在"可视化"窗格中选择"设置视觉对象格式"，调整树状图的格式，将"数据标签"设为"开"。生成的树状图，如图4-128所示。

图4-127　树状图设置

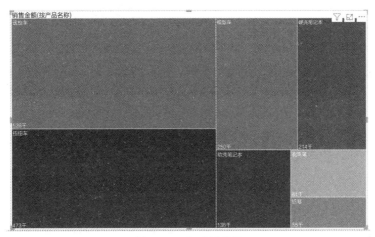

图4-128 生成树状图

9. 漏斗图

漏斗图适用于有顺序、多阶段的流程分析。通过各流程的数据变化,以及初始阶段和最终目标两端的漏斗差距,用户可以快速发现问题所在。漏斗图的每个阶段代表总数的百分比。漏斗图是管理会计常用的一种图表,用于跟踪销售转化情况,比如跟踪某产品从推广到购买转化的业务流程。

下面我们用漏斗图来展示文具连锁店不同产品的销售金额变化。

打开"数据可视化-初始.pbix"文件,单击窗口左侧的报表视图按钮,新建报表页,并将其改名为"漏斗图"。

单击"可视化"窗格中的"漏斗图"按钮,设置漏斗图的属性,如图4-129所示。生成的漏斗图,如图4-130所示。

图4-129 漏斗图设置

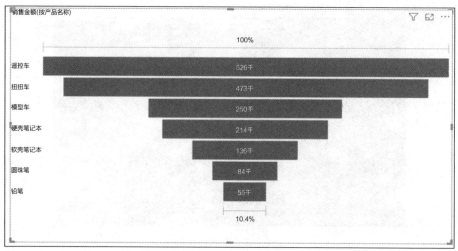

图4-130 生成漏斗图

10. 卡片图和多行卡

在进行财务数据可视化时，常常需要将关键数据值醒目地展示出来，卡片图以卡片形式来显示关键数据值，因此也被称为大数字磁贴。

(1) 卡片图。

下面我们用卡片图来展示文具连锁店的销售金额与任务额完成度两个指标。

打开"数据可视化-初始.pbix"文件，单击窗口左侧的报表视图按钮，新建报表页，并将其改名为"卡片图和多行卡"。

在"可视化"窗格中选择"生成视觉对象"，单击"卡片图"按钮，设置卡片图的属性，如图4-131所示。然后，在"可视化"窗格中选择"设置视觉对象格式"，调整卡片图的格式，将"数据标签-值的小数位"设为"2"。生成的销售金额卡片图，如图4-132所示。

图4-131 卡片图设置

图4-132 生成卡片图

(2) 多行卡。

多行卡其实也是卡片图的一种，其可以同时展示多个指标的数据。

下面我们用多行卡来展示文具连锁店的销售金额、销售数量、营业店铺数量、单店平均销售额等指标。

单击"可视化"窗格中的"多行卡"按钮，设置多行卡的属性，如图4-133所示。生成的多行卡，如图4-134所示。

图4-133　多行卡设置

图4-134　生成多行卡

11. 表和矩阵

Power BI中的表是一维表的概念，可以将任何字段和度量值拖曳到表格中，查看它们之间的关系。而Power BI中的矩阵实际上是二维表的概念，表格是以逻辑序列的行和列表示包含相关数据的网格，其中还包含表头和合计行。因此，矩阵也可以理解为数据透视表。在矩阵中，用户通过拖曳所关心的指标，可以了解更加明细的数据，从而实现数据透视表的功能。

(1) 表。

下面我们用表来展示文具连锁店不同年度和不同月份的销售金额、上月销售额、销售金额环比、上年销售额、销售金额同比等数据。

打开"数据可视化-初始.pbix"文件，单击窗口左侧的报表视图按钮，新建报表页，并将其改名为"表和矩阵"。

在"可视化"窗格中选择"生成视觉对象"，单击"表"按钮，生成表。然后，在"可视化"窗格中选择"设置视觉对象格式"，设置表的属性，如图4-135所示。分别选中"销售金额环比""销售金额同比"两个度量值，在"度量工具"选项卡的"格式化"组中，设置数据的百分比和小数位格式，如图4-136所示。生成的表，如图4-137所示。

图4-135 表的设置

图4-136 设置度量值格式

年	月	销售金额	上月销售额	销售金额环比	上年销售额	销售金额同比
2021	1	34719				
2021	10	55693	54795	1.64%		
2021	11	56224	55693	0.95%		
2021	12	58566	56224	4.17%		
2021	2	44600	34719	28.46%		
2021	3	58384	44600	30.91%		
2021	4	57670	58384	-1.22%		
2021	5	55752	57670	-3.33%		
2021	6	53374	55752	-4.27%		
2021	7	56581	53374	6.01%		
2021	8	55765	56581	-1.44%		
2021	9	54795	55765	-1.74%		
2022	1	53828	58566	-8.09%	34719	55.04%
2022	10	123940	111766	10.89%	56185	120.59%
2022	11	129260	123249	4.88%	55827	131.54%
2022	12	143109	130020	10.07%	56484	153.36%
2022	2	67453	53828	25.31%	48321	39.59%
2022	3	52194	65509	-20.33%	56520	-7.65%
2022	4	68765	51763	32.85%	56715	21.25%
2022	5	77570	67974	14.12%	56808	36.55%
2022	6	71296	79118	-9.89%	52860	34.88%
2022	7	92083	71426	28.92%	57547	60.01%
2022	8	100738	91165	10.50%	55273	82.26%
2022	9	114539	101419	12.94%	54864	108.77%
总计		1736898			642123	170.49%

图4-137 生成表

(2) 矩阵。

下面我们用矩阵来展示文具连锁店不同店铺、不同产品的销售金额。

单击"可视化"窗格中的"矩阵"按钮⊞，设置矩阵的属性，如图4-138所示。生成的矩阵，如图4-139所示。

第 4 章　Power BI应用 | 115

图4-138　矩阵属性设置

店铺名称	模型车	扭扭车	铅笔	软壳笔记本	遥控车	硬壳笔记本	圆珠笔	总计
北京市	17616	33696	4112	8238	30866	14808	5516	**114852**
大连市	14796	28152	3344	7824	32453	13496	6088	**106153**
福州市	5232	11934	1064	3102	14628	5304	1756	**43020**
广州市	7296	15300	1644	4452	14214	6104	2692	**51702**
贵阳市	6636	11250	1366	3468	13915	5600	2008	**44243**
哈尔滨市	15864	29376	3316	8274	30912	13344	5120	**106206**
杭州市	7200	13788	1336	3906	15410	6592	2352	**50584**
合肥市	6636	12924	1212	3390	14559	6680	2340	**47741**
吉林市	17580	29988	3814	8556	33534	13632	5180	**112284**
济南市	15048	27468	3458	9282	34753	12440	5372	**107821**
南昌市	7008	12834	1274	4158	15088	4936	2836	**48134**
南京市	9264	15966	2020	3642	17457	6216	2460	**57025**
南宁市	6528	13770	1998	3768	15433	7552	2844	**51893**
上海市	7200	17082	1450	4158	14881	6384	2660	**53815**
沈阳市	16692	31122	3384	7530	32315	14600	5396	**111039**
石家庄市	14184	29898	3354	8226	33856	11136	4332	**104986**
太原市	12588	23256	2996	7200	28198	10320	4608	**89166**
天津市	14160	29322	3400	7746	24104	11232	4656	**94620**
武汉市	7128	11610	1262	3450	14352	7736	2392	**47930**
西安市	7020	12690	1470	3570	16008	6984	2580	**50322**
长春市	20160	32796	4320	11724	40802	16200	5860	**131862**
郑州市	13896	28386	3104	10026	38640	12520	4928	**111500**
总计	**249732**	**472608**	**54698**	**135690**	**526378**	**213816**	**83976**	**1736898**

图4-139　生成矩阵

12. 切片器

切片器常用作画布中的视觉筛选器。切片的作用本质上不是为了呈现数据,而是根据切片器的选择,控制其他可视化对象显示相应的数据。因此,一般将维度表的数据放入切片器中。

例如,在用条形图来展示文具连锁店2021年和2022年度不同产品分类的销售金额时,若想同时查看某省连锁店在某年、某一季度的产品分类的销售金额,就可以设置"年""季度""省份名称"3个切片器。下面具体介绍操作过程。

打开"数据可视化-初始.pbix"文件,单击窗口左侧的报表视图按钮,选择"条形图"报表页。

单击"可视化"窗格中的"切片器"按钮,设置"年"切片器的属性,如图4-140所示。用同样的方法,分别设置"季度"和"省份名称"切片器的属性。

在"可视化"窗格中选择"设置视觉对象格式",设置切片器的格式,将3个切片器的"边框"均设为"开"。生成的切片器,如图4-141所示。

图4-140 切片器设置

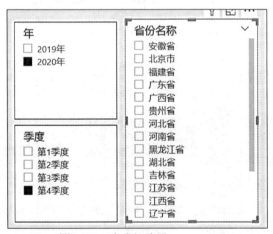

图4-141 生成切片器

通过控制切片器,可以筛选出需要的报表数据,例如,查看广东省2022年第二季度各项商品销售额,如图4-142所示。

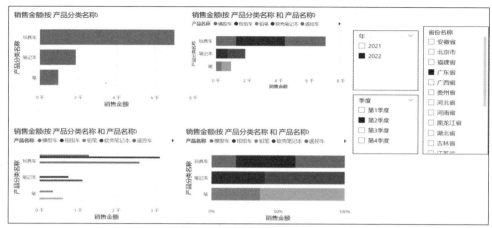

图4-142 切片器控制结果

4.5.2 图表美化

在实际工作中，为了使生成的可视化图表更加美观或呼应主题色，我们可以从切换主题和设置图表格式两个方面入手，对图表进行美化。

1. 切换主题

在Power BI Desktop中提供了许多主题配色，包括默认、城市公园、教室、色盲友好、电气、高对比度、日落、黄昏等，每一个主题有不同的配色。在进行可视化分析时，用户可以根据数据的特点、公司的风格和文化背景等选择适合的主题。除了系统提供的主题外，Power BI Desktop还提供了导入主题功能。

视频：
自定义可视化图表

下面以文具连锁店为例来介绍如何切换主题。

打开"数据可视化-图表介绍完成.pbix"文件，单击窗口左侧的报表视图按钮，报表页的默认显示效果如图4-143所示。

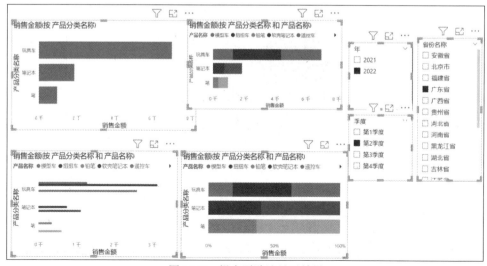

图4-143 报表页默认显示效果

在"视图"菜单栏的"主题"中,选择符合需求的主题,例如"日落"主题切换后报表页的显示效果如图4-144所示。

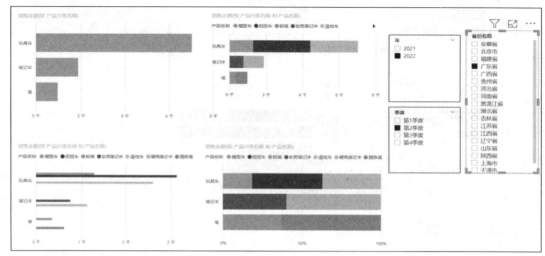

图4-144 "日落"主题显示效果

2. 设置图表格式

当对可视化对象有特殊需求时,我们也可以通过调整图表格式来改变图表的显示风格,如设置常规、X轴、Y轴、数据颜色、数据标签、标题、背景、边框等格式。

下面以文具连锁店为例,对饼图进行图表格式的调整,以进一步美化图表。

打开"数据可视化-图表介绍完成.pbix"文件,单击窗口左侧的报表视图按钮,可以看到系统默认的饼图效果如图4-145所示。

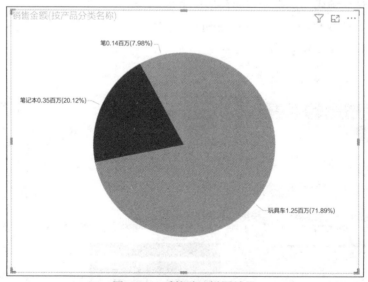

图4-145 系统默认饼图效果

选中饼图,单击"可视化"窗格中的"格式"按钮,可以对饼图的各项要素进行调整。如在"扇区"的"颜色"中可以重新确定各部分的颜色,结果如图4-146所示。

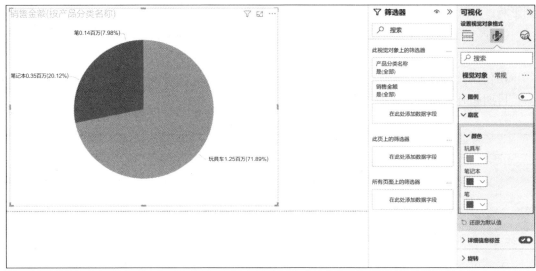

图4-146　更改饼图扇区颜色

如果需要显示各区域的图例，则在"图例"的"选项"中，将位置设置为"居中左对齐"，结果如图4-147所示。

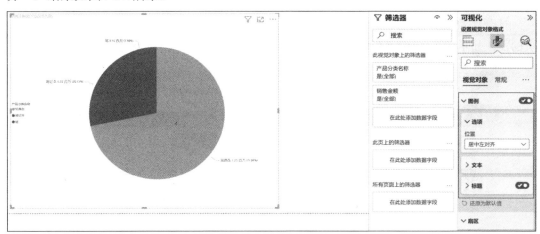

图4-147　设置饼图区域图例

4.5.3　图表的筛选、钻取和编辑交互

为了对数据进行更加深入的了解和探索，Power BI Desktop用户还可以通过图表的筛选、钻取和编辑交互功能，实现更多的动态效果。

1. 图表筛选

图表筛选是指通过设置可视化对象属性筛选器实现筛选。切片器就是一种图表筛选功能。

图表筛选器可以分为视觉级筛选器、页面级筛选器和报告级筛选器三种。

① 视觉级筛选器对特定的可视化对象进行筛选后，其他可视化对象不受影响。

② 页面级筛选器对特定的可视化对象进行筛选后，本报表页的其他可视化对象也受

到影响。

③ 报告级筛选器对特定的可视化对象进行筛选后，所有报表页的所有可视化对象均受到影响。

在使用筛选器时，可供选择的筛选方式一共有三种，分别是文本筛选器、数值筛选器、日期和时间筛选器。三种筛选器的区别如表4-21所示。

表4-21 三种筛选器的区别

筛选器	筛选方式
文本筛选器	基本筛选：列表模式 前N个：筛选该字段前N个数据 高级筛选：设置复杂的筛选条件(大于、小于、且、或等)
数值筛选器	基本筛选：列表模式
日期和时间筛选器	高级筛选：设置复杂的筛选条件(大于、小于、且、或等)

下面以文具连锁店为例，展示如何使用筛选器。

(1) 视觉级筛选器。

如果想在堆积条形图中了解笔和笔记本两类商品的销售金额，而不显示玩具车的销售金额时，则可以使用视觉级筛选器。

打开"数据可视化-图表介绍完成.pbix"文件，单击窗口左侧的报表视图按钮，报表页的默认显示效果如图4-148所示。

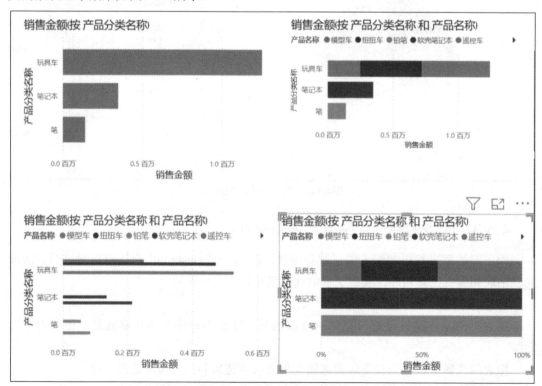

图4-148 报表页默认显示效果

选中右上角堆积条形图上方的 ▽ 图标，右侧出现"筛选器"窗格，在"此视觉对象上的筛选器"框中出现"产品分类名称"，如果只想看笔和笔记本的销售金额，则取消勾选"玩具车"选项，筛选后的报表显示如图4-149所示。可以看到，堆积条形图中已经没有玩具车的数据，而其他图表中还有。

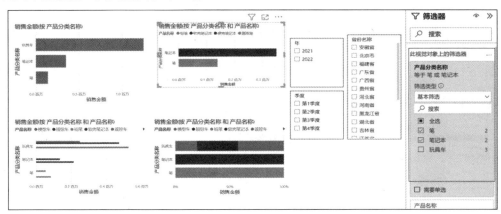

图4-149 视觉级筛选器设置

(2) 页面级筛选器。

如果想在本页面所有条形图中了解笔和笔记本两类商品的销售金额，而不显示玩具车的销售金额时，则可以使用页面级筛选器。

打开"数据可视化-图表介绍完成.pbix"文件，单击窗口左侧的报表视图按钮，报表页的默认显示效果如图4-150所示。

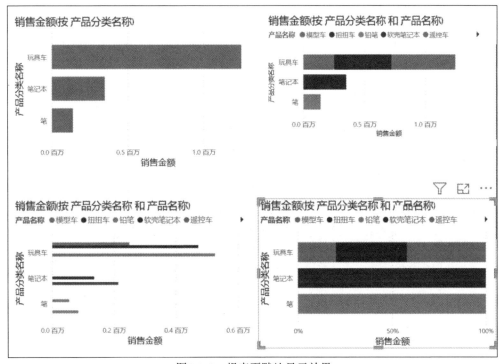

图4-150 报表页默认显示效果

将"数据"窗格中的"产品分类名称"选项拖曳到"筛选器"窗格中的"此页上的筛选器"框中,取消勾选"玩具车"分类,保留其他产品分类。可以看到,本页面的所有条形图均已没有显示"玩具车"的数据,如图4-151所示。

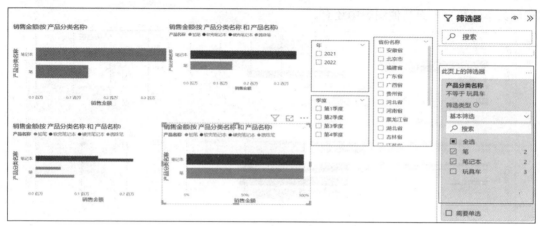

图4-151　页面级筛选器设置

(3) 报告级筛选器。

如果想在整个报告中了解笔和笔记本两类商品的销售金额,而不显示玩具车的销售金额时,则可以使用报告级筛选器。

打开"数据可视化-图表介绍完成.pbix"文件,单击窗口左侧的报表视图按钮,可以看到报表中的每一个页面均显示了3种产品分类的数据。

将"数据"窗格中的"产品分类名称"选项拖曳到"筛选器"窗格中的"所有页面上的筛选器"框中,取消勾选"玩具车"分类,保留其他产品分类。可以看到,本报表的所有条形图均已没有显示"玩具车"的数据,以面积图和折线图为例,如图4-152和图4-153所示。

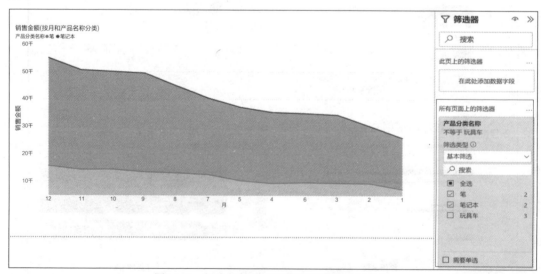

图4-152　报告级筛选器设置及面积图显示效果

第 4 章 Power BI应用 | 123

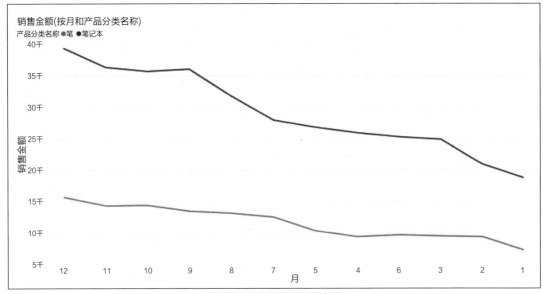

图4-153 折线图显示效果

2. 图表钻取

在进行可视化分析时，如果用户想要看数据的下一层数据，如某文具连锁店中"笔记本"数据下"硬壳笔记本"和"软壳笔记本"的数据，就可以使用表的钻取功能，预先设置好钻取的层级后，即可实现数据的钻取。

下面以文具连锁店的报告为例，展示图表钻取。

打开"数据可视化-图表介绍完成.pbix"文件，单击窗口左侧的报表视图按钮，报表页的默认显示效果如图4-154所示。

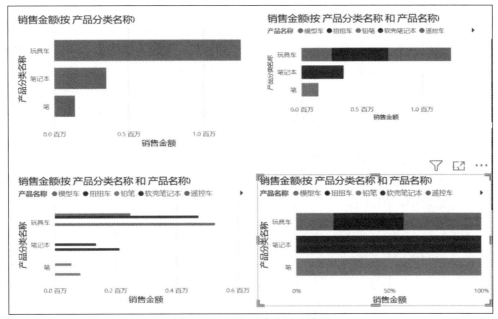

图4-154 报表页默认显示效果

选中左侧的堆积条形图，将"数据"窗格中的"产品名称"拖曳到"可视化"窗格中的"Y轴"框中，并放到"产品分类名称"下方，如图4-155所示。此时，堆积条形图上方会出现数据钻取按钮，单击向下钻取按钮 ⊙，再单击堆积条形图中的"笔记本"数据，图表中即出现"硬壳笔记本"和"软壳笔记本"的销售金额数据，结果如图4-156所示。

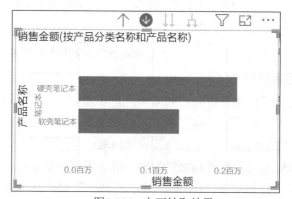

图4-155　向下钻取设置　　　　图4-156　向下钻取结果

3. 编辑交互

编辑交互功能是指单击某一图表的数据对象时，被单击的图表对象在本图表中突出显示，而在其他图表中只突出显示相应数据对象，其他数据对象不突出显示，形成一种动态显示效果。单击图表的空白处，可取消编辑交互功能。图表的编辑交互功能有助于数据的联动分析。

在某些情况下，我们可以控制编辑交互功能，即某一图表对象突出显示时，其他图表的相应数据并不联动变化。

下面以文具连锁店为例，介绍编辑交互功能。

打开"数据可视化-图表介绍完成.pbix"文件，单击窗口左侧的报表视图按钮，报表页的显示效果如图4-157所示。

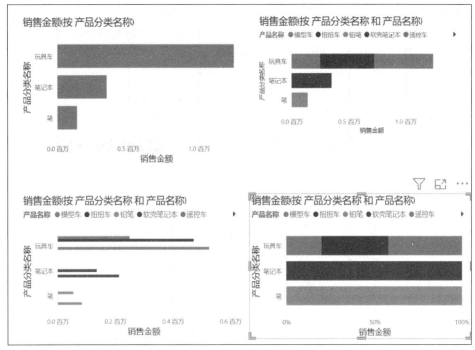

图4-157 报表页默认显示效果

选中左侧的堆积条形图，进入"格式"菜单栏，执行"编辑交互"命令，进入编辑交互界面。

单击其他条形图右上角的 按钮，则进行编辑交互功能，此时，选中左侧的堆积条形图中的"玩具车"数据时，其他条形图也会突出显示"玩具车"的数据，如图4-158所示。

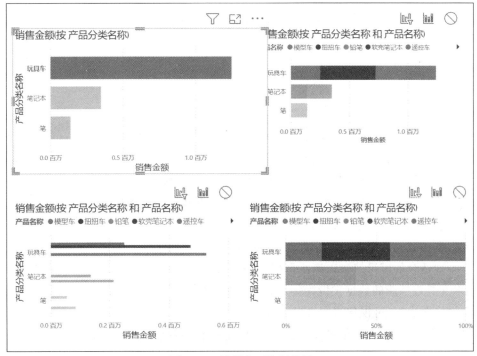

图4-158 编辑交互控制结果

若用户不需要簇状条形图跟随突出,则可以单击簇状条形图右上方的 ⊘ 按钮,则簇状条形图不受编辑交互功能控制,其他条形图中的"玩具车"的数据突出显示,而簇状条形图中的"玩具车"数据并没有突出显示,如图4-159所示。

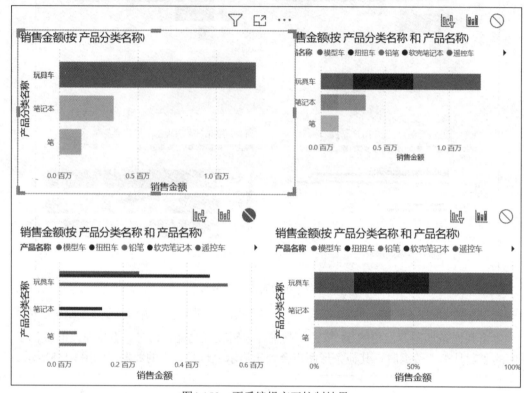

图4-159　不受编辑交互控制结果

复习与思考

1. 试从下列途径获取练习所需的财务数据:
(1) 直接从上市公司网页获取财务数据;
(2) 从相关网站下载数据(如国家统计局网站、Power BI官方网站等)。
对获取的数据进行适当的数据整理,以满足数据建模与可视化的要求。
2. 以文具连锁店的数据案例为例,解决下列问题:
(1) 根据加载的数据表,进行数据建模(创建关系);
(2) 创建适合的度量值,以满足可视化的需求。
3. 以文具连锁店的数据案例为例,完成下列操作:
(1) 设计至少2张可视化报表页;
(2) 选用适当的可视化对象,进行数据可视化(需要至少使用2个切片器满足交互需求)。

参考文献

[1] Lauren Magnuson. Mitchell. Data Visualization: A Guide to Visual Storytelling for Libraries [J]. Technical Services Quarterly, 2017.
[2] 陈红倩. 数据可视化与领域应用案例[M]. 北京：机械工业出版社，2019.
[3] 陈虎，朱子凝. 数据可视化的财务应用研究[J]. 财会月刊，2022(16)：120-125.

下篇 实战应用

第 5 章　财务数据分析与可视化

【案例导入】

科大讯飞股份有限公司[①](股票代码：002230)是亚太地区知名的智能语音和人工智能上市企业。自成立以来，一直从事智能语音、自然语言理解、计算机视觉等核心技术研究并保持国际前沿技术水平。2008年，公司在深圳证券交易所挂牌上市。本章我们以科大讯飞股份有限公司的财务数据为基础，通过数据获取、数据整理、数据建模、数据分析这一路径，介绍如何使用Power BI做好上市公司财务数据的综合可视化分析。

思政拓展

5.1 数据获取与整理

5.1.1 数据获取

打开新浪财经官方网站[②]，搜索"科大讯飞"股票，在左侧信息栏"财务数据"中选择"资产负债表"。拉至页面最下方，单击"下载全部历史数据到Excel中"按钮，即可下载资产负债表数据。用相同的方式下载利润表和现金流量表。

视频：
数据获取

5.1.2 数据整理

1. 财务报表数据整理

(1) 资产负债表整理：只保留2018—2022年的资产负债表数据，其他季度和年度报表删除。

删除资产负债表中的空白行。"流动资产""非流动资产""流动负债""非流动负债"和"所有者权益"5个空白行删除。但需要注意，"流动资产合计""非流动资产合

---

① 资料来源：科大讯飞官网https://www.iflytek.com/about.html
② 资料来源：新浪财经官网https://finance.sina.com.cn/

计""资产合计"等合计项不能删除。整理后的资产负债表，如图5-1所示。

	A	B	C	D	E	F
1	报表项目	2022	2021	2020	2019	2018
2	货币资金	4346384857	5869934499	5350027393	3828625627	2401052033
3	交易性金融资产	0	0	0	0	0
4	衍生金融资产	0	0	0	0	0
5	应收票据及应收账款	10361984117	7916645222	5733281899	5307881199	3591794707
6	应收票据	492242456	430737997.7	265369329.7	220722763.1	202487680.2
7	应收账款	9869741661	7485907224	5467912569	5087158436	3389307027
8	应收款项融资	0	0	0	0	0
9	预付款项	261268269.5	258105544.6	204993017.3	144944407.8	24914217.9
10	其他应收款(合计)	348834927.5	372486760.8	436239168.8	407615471.4	341734090.5
11	应收利息	0	0	0	0	0
12	应收股利	0	0	0	1460134.7	0
13	其他应收款	348834927.5	372486760.8	436239168.8	406155336.7	341734090.5
14	买入返售金融资产	0	0	0	0	0
15	存货	2729104742	2433958499	2378935700	826407626.8	1039577509
16	划分为持有待售的资产	0	0	0	0	0
17	一年内到期的非流动资产	512224218.3	492519509.6	290464716.7	111362773	298298136.4
18	待摊费用	0	0	0	0	0
19	待处理流动资产损益	0	0	0	0	0

图5-1 整理后的资产负债表

(2) 利润表整理：只保留2018—2022年的利润表数据，其他季度和年度报表删除。整理后的利润表，如图5-2所示。

	A	B	C	D	E	F
1	报表项目	2022	2021	2020	2019	2018
2	一、营业总收入	18820234053	18313605606	13024657866	10078688920	7917221903
3	营业收入	18820234053	18313605606	13024657866	10078688920	7917221903
4	二、营业总成本	18672424769	17515432870	12395699543	9630460731	7717269910
5	营业成本	11136385573	10780348465	7148431898	5440459541	3956546168
6	营业税金及附加	112113271.9	121071383.8	78931002.38	67299575.83	81878317.52
7	销售费用	3164396675	2692844411	2084441965	1780156059	1725886995
8	管理费用	1226783087	1101759621	856632560.3	706707045.6	947208385.7
9	财务费用	-78550981.42	-10431988.07	16200970.39	-3706986.07	-16662516.36
10	研发费用	3111297144	2829940978	2211061147	1639545496	939224221.3
11	资产减值损失	0	0	0	0	83188339.28
12	公允价值变动收益	-251064261.1	331410438	355038461.9	-4422896.75	-143115.7
13	投资收益	27355108.34	-7583044.39	32091500.16	111600575.2	74796024.8
14	其中:对联营企业和合营企业的投资收益	6116278.26	-25838715	-2973293.89	-3793630.15	-3787873.32
15	汇兑收益	0	0	0	0	0
16	三、营业利润	295671190.3	1464435514	1437073080	987967531.3	627783933.8
17	加:营业外收入	48171464.54	146324710	141074212.7	74096816.84	68137121.55
18	减：营业外支出	96090923.52	114072593.8	121510854.7	66643482.53	37191511.83
19	其中:非流动资产处置损失	0	0	0	0	0
20	四、利润总额	247751731.4	1496687630	1456636438	995420865.6	658729543.6

图5-2 整理后的利润表

(3) 现金流量表整理：只保留2018—2022年的现金流量表数据，其他季度和年度报表删除。

增加现金流量表索引。在报表项目前新增两列"CF类别1"和"CF类别2"。通过材料库当中的"流量表类目辅助"表格，使用Vlookup函数对"CF类别1"和"CF类别2"进行补充。整理后的现金流量表，如图5-3所示。

	A	B	C	D	E	F	G	H
1	CF类别1	CF类别2	报表项目	2022	2021	2020	2019	2018
2	经营活动	现金流入	销售商品、提供劳务收到的现金	17643199374	17161606304	12620462119	9299910155	7585833992
3	经营活动	现金流入	收到的税费返还	216020053.5	212814806.2	178344681.5	208381538.2	134990328.8
4	经营活动	现金流入	收到的其他与经营活动有关的现金	906581562.6	1247764114	980749549	765580473.9	501590127.7
5	其他	其他	经营活动现金流入小计	18765800990	18622185224	13779556350	10273872167	8222414448
6	经营活动	现金流出	购买商品、接受劳务支付的现金	10498909985	11088305715	6268778755	4280341139	3389422066
7	经营活动	现金流出	支付给职工以及为职工支付的现金	4592816547	3580741087	2586296211	2539513994	1871162168
8	经营活动	现金流出	支付的各项税费	820374423.1	923322381.2	824351847.4	586816482.6	605963156.8
9	经营活动	现金流出	支付的其他与经营活动有关的现金	2223119933	2136740609	1829374680	1335732041	1207730696
10	其他	其他	经营活动现金流出小计	18135039742	17729109793	11508801494	8742403657	7074278087
11	其他	其他	经营活动产生的现金流量净额	630761247.3	893075431.3	2270754856	1531468510	1148136361
12	投资活动	现金流入	收回投资所收到的现金	774386418.8	126789170.2	738692246.5	113216611.2	461849444.2
13	投资活动	现金流入	取得投资收益所收到的现金	58287084.81	16058273.54	26585080.49	4360881.82	50190299.43
14	投资活动	现金流入	处置固定资产、无形资产和其他长期资	3358195.35	2006415.27	217929621.6	4405420.05	11500067.88
15	投资活动	现金流入	处置子公司及其他营业单位收到的现金	0	59299815.76	66504710.15	0	-10032156.18
16	投资活动	现金流入	收到的其他与投资活动有关的现金	32464649.89	44493781.62	36412994.47	42782386.33	34461699.1
17	其他	其他	投资活动现金流入小计	868496348.9	248647456.3	1086124653	164765299.4	547969354.4
18	投资活动	现金流出	购建固定资产、无形资产和其他长期资	2268138755	2081901686	1249374592	1886592074	1823324585
19	投资活动	现金流出	投资所支付的现金	278745800	690595000	568834643.5	1177165620	278896586.2
20	投资活动	现金流出	取得子公司及其他营业单位支付的现金	25512331.78	55445422.21	3204241.01	0	365402492.7
21	投资活动	现金流出	支付的其他与投资活动有关的现金	0	0	0	0	0
22	其他	其他	投资活动现金流出小计	2572396887	2827942108	1821413477	3063757695	2467623664

图5-3 整理后的现金流量表

2. 补充维度表

在Excel表格中新增"年度表""资产负债表索引""现金流量表分类"和"利润表索引"4个维度表,如图5-4至图5-7所示。

	A
1	年度
2	2018
3	2019
4	2020
5	2021
6	2022

图5-4 年度表

	A	B	C	D	E
1	BS类别1	BS类别2	报表项目	类别1索引	报表项目索引
2	资产	流动资产	货币资金	1	1
3	资产	流动资产	交易性金融资产	1	2
4	资产	流动资产	衍生金融资产	1	3
5	资产	流动资产	应收票据及应收账款	1	4
6	资产	流动资产	应收票据	1	5
7	资产	流动资产	应收账款	1	6
8	资产	流动资产	应收款项融资	1	7
9	资产	流动资产	预付款项	1	8
10	资产	流动资产	其他应收款(合计)	1	9
11	资产	流动资产	应收利息	1	10
12	资产	流动资产	应收股利	1	11
13	资产	流动资产	其他应收款	1	12
14	资产	流动资产	买入返售金融资产	1	13
15	资产	流动资产	存货	1	14
16	资产	流动资产	划分为持有待售的资产	1	15
17	资产	流动资产	一年内到期的非流动资产	1	16

图5-5 资产负债表索引

◢	A	B
1	CF类别1	CF类别2
2	经营活动	现金流入
3	经营活动	现金流出
4	投资活动	现金流入
5	投资活动	现金流出
6	筹资活动	现金流入
7	筹资活动	现金流出
8	其他	其他

图5-6　现金流量表分类

◢	A	B
1	报表项目	索引
2	一、营业总收入	1
3	营业收入	2
4	二、营业总成本	3
5	营业成本	4
6	营业税金及附加	5
7	销售费用	6
8	管理费用	7
9	财务费用	8
10	研发费用	9
11	资产减值损失	10
12	公允价值变动收益	11
13	投资收益	12
14	其中:对联营企业和合营企业的投资收益	13
15	汇兑收益	14
16	三、营业利润	15
17	加:营业外收入	16
18	减：营业外支出	17

图5-7　利润表索引

3. 导入Power BI

将整理好的财务报表导入Power BI。选择“从Excel导入数据”，在导航器下选择“年度表”“资产负债表”“利润表”“资产负债表索引”“利润表索引”“现金流量表”和“现金流量表分类”共7个表格。选中表格后单击“转换数据”按钮，进入“Power Query 编辑器”窗口。此时默认表格中的标题行是Column 1、Column 2等，需要将表格中的第一行转换为标题行，单击“转换”→“将第一行用作标题”即可。用同样的方式对其他表格的标题进行转换。

4. 逆透视处理

由于日期列需要转换成一维表，因此需要对三个报表分别进行处理。先选中资产负债表，然后选择“报表项目”，右键单击“对其他列逆透视”按钮。同时，对利润表和现金流量表进行同样的操作，并修改第一列“年度”和“金额”标题名称。

5. 资产负债表和资产负债表索引建立合并查询

为确保资产负债表中的报表项目按照顺序排列，需要将资产负债表索引合并至资产负债表中。选中资产负债表，单击“组合”→“合并查询”，选中资产负债表中的“报表项目”，再选择“资产负债表索引”中的“报表项目”，此时确保“联接种类”选择的是“左外部(第一个中的所有行，第二个中的匹配行)”后单击“确定”按钮。合并后表格中“资产负债表索引”的数据显示为table，左键勾选此列的“报表项目索引”即可形成资产负债表的顺序。合并查询后的资产负债表如图5-8所示。

报表项目	年度	金额	排序
货币资金	2020	5350027393	1
货币资金	2022	4346384857	1
货币资金	2021	5869934499	1
货币资金	2019	3828625627	1
货币资金	2018	2401052033	1
交易性金融资产	2022	0	2
交易性金融资产	2021	0	2
交易性金融资产	2020	0	2
交易性金融资产	2019	0	2
交易性金融资产	2018	0	2
衍生金融资产	2020	0	3
衍生金融资产	2022	0	3
衍生金融资产	2021	0	3
衍生金融资产	2019	0	3
衍生金融资产	2018	0	3
应收票据及应收账款	2022	10361984117	4

图5-8 合并查询后的资产负债表

6. 利润表和利润表索引建立合并查询

为确保利润表中的报表项目按照顺序排列，需要将利润表索引合并至利润表中。选中利润表，单击"组合"→"合并查询"，选中利润表中的"报表项目"，再选择"利润表索引"中的"报表项目"，此时确保"联接种类"选择的是"左外部(第一个中的所有行，第二个中的匹配行)"后单击"确定"按钮。合并后表格中"利润表索引"的数据显示为table，左键勾选此列的"报表项目索引"即可形成利润表的顺序。合并查询后的利润表如图5-9所示。

报表项目	年度	金额	排序
一、营业总收入	2022	18820234053	1
一、营业总收入	2021	18313605606	1
一、营业总收入	2020	13024657866	1
一、营业总收入	2019	10078688920	1
一、营业总收入	2018	7917221903	1
营业收入	2022	18820234053	2
营业收入	2021	18313605606	2
营业收入	2020	13024657866	2
营业收入	2019	10078688920	2
营业收入	2018	7917221903	2
二、营业总成本	2022	18672424769	3
二、营业总成本	2021	17515432870	3
二、营业总成本	2020	12395699543	3
二、营业总成本	2019	9630460731	3
二、营业总成本	2018	7717269910	3
营业成本	2022	11136385573	4
营业成本	2021	10780348465	4
营业成本	2020	7148431898	4
营业成本	2019	5440459541	4

图5-9 合并查询后的利润表

7. 数据建模

确保建模前，所有表格的"年度"列数据类型都统一为"整数"。单击模型视图按钮，隐藏利润表索引，构建各维度表与其他表之间一对多或多对多的关系，如图5-10所示。

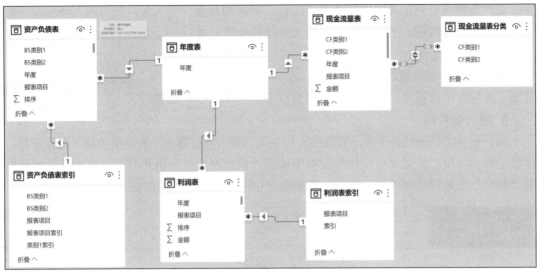

图5-10 构建后的关系模型视图

5.2 资产负债表分析与可视化

资产负债表是反映企业在某一特定日期的财务状况(即资产、负债和所有者权益的状况)的会计报表。根据"资产=负债+所有者权益"这一平衡公式,依照一定的分类标准和一定的次序,将某一特定日期的资产、负债、所有者权益的具体项目予以适当地排列编制而成。

本节介绍如何对科大讯飞的资产负债表进行水平分析、垂直分析和项目分析,并使用Power BI实现数据可视化。可视化效果如图5-11所示。

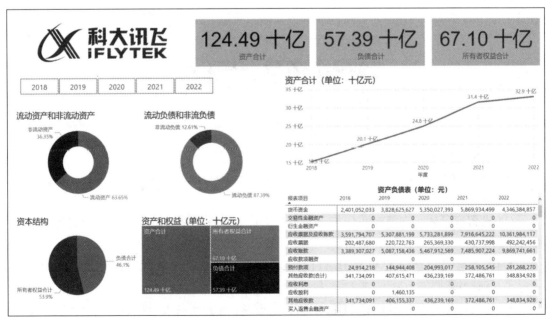

图5-11 资产负债表可视化

资产负债表可视化可通过插入公司Logo、插入切片器、插入卡片图、插入环形图、插入饼图、插入折线图、插入树状图、插入矩阵等步骤完成。

1. 插入公司Logo

单击窗口左侧的报表视图按钮，再单击"插入"→"图像"按钮，选择插入案例库中的科大讯飞Logo，并调整Logo图片的大小和位置。

视频：
资产负债表可视化

2. 插入切片器

为显示并选择不同的年份，需要插入切片器。单击"可视化"窗格中的切片器按钮，字段选择"年度"。在"可视化"窗格中选择"设置视觉对象格式"，将切片器样式设置为"磁贴"。通过关闭"切片器标头"去除"年度"二字。生成的切片器如图5-12所示。

图5-12 年度切片器

3. 插入卡片图

为了反映资产负债表中的资产、负债和所有者权益三个关键数据，需要插入卡片图。

(1) 设置度量值。在资产负债表下，单击"计算"→"新建度量值"。设置的度量值如下。

- 报表金额 = SUM('资产负债表'[金额])
- 资产合计 = CALCULATE([报表金额],'资产负债表'[报表项目]="资产合计")
- 负债合计 = CALCULATE([报表金额],'资产负债表'[报表项目]="负债合计")
- 所有者权益合计 = CALCULATE([报表金额],'资产负债表'[报表项目]="所有者权益(或股东权益)合计")

(2) 插入卡片图。单击"可视化"窗格中的卡片图按钮，字段选择"资产合计"。设置后的卡片图如图5-13所示。用同样的方式插入负债合计和所有者权益合计的卡片图。

图5-13 资产合计卡片图

4. 插入环形图

为了反映不同年度的流动资产与非流动资产、流动负债与非流动负债的比例关系，需要插入环形图。

(1) 设置度量值。在资产负债表下，单击"计算"→"新建度量值"。设置的度量值如下。

- 流动资产合计 = CALCULATE([报表金额],'资产负债表'[报表项目]="流动资产合计")
- 非流动资产合计 = CALCULATE([报表金额],'资产负债表'[报表项目]="非流动资产合计")
- 流动负债合计 = CALCULATE([报表金额],'资产负债表'[报表项目]="流动负债合计")
- 非流动负债合计 = CALCULATE([报表金额],'资产负债表'[报表项目]="非流动负债合计")

(2) 插入环形图。单击"可视化"窗格中的环形图按钮◉，设置图例为"BS类别2"，通过"筛选器"筛选"流动资产"和"非流动资产"，并设置值为"金额"。设置后的环形图如图5-14所示。用同样的方式插入流动负债与非流动负债的环形图。

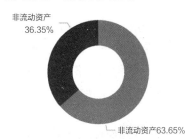

图5-14　流动资产与非流动资产环形图

5. 插入饼图

为了反映资本结构与所有者权益的比例关系，需要插入饼图。单击"可视化"窗格中的饼图按钮◉，设置值为"负债合计"和"所有者权益合计"。设置后的饼图如图5-15所示。

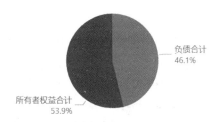

图5-15　负债合计与所有者权益合计饼图

6. 插入折线图

为了反映不同年度总资产的变化趋势，需要插入折线图。单击"可视化"窗格中的折线图按钮，设置X轴为"年度"，Y轴为"资产合计"。在"可视化"窗格中的"设置视觉对象格式"中选择"常规"，将标题修改为"资产合计(单位：十亿元)"。设置后的折线图如图5-16所示。

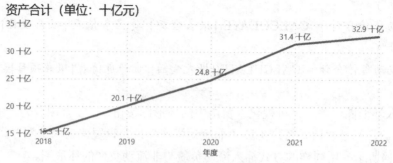

图5-16　资产合计折线图

7. 插入树状图

为了反映不同年度资产、负债和所有者权益的平衡关系，需要插入树状图。单击"可视化"窗格中的树状图按钮，字段值选择"资产合计""负债合计"和"所有者权益合计"。在"可视化"窗格中的"设置视觉对象格式"中选择"常规"，将标题修改为"资产和权益(单位：十亿元)"。设置后的树状图如图5-17所示。

图5-17　资产和权益树状图

8. 插入矩阵

为了更直观地展示资产负债表，需要在Power BI中插入矩阵。单击"可视化"窗格中的矩阵按钮，行选择"报表项目"，列选择"年度"，值选择"金额的总和"。在"可视化"窗格中的"设置视觉对象格式"中选择"常规"，将标题修改为"资产负债表(单位：元)"。设置后的资产负债表如图5-18所示。

报表项目	2018	2019	2020	2021	2022
货币资金	2,401,052,033	3,828,625,627	5,350,027,393	5,869,934,499	4,346,384,857
交易性金融资产	0	0	0	0	0
衍生金融资产	0	0	0	0	0
应收票据及应收账款	3,591,794,707	5,307,881,199	5,733,281,899	7,916,645,222	10,361,984,117
应收票据	202,487,680	220,722,763	265,369,330	430,737,998	492,242,456
应收账款	3,389,307,027	5,087,158,436	5,467,912,569	7,485,907,224	9,869,741,661
应收款项融资					
预付款项	24,914,218	144,944,408	204,993,017	258,105,545	261,268,270
其他应收款(合计)	341,734,091	407,615,471	436,239,169	372,486,761	348,834,928
应收利息	0	0	0	0	0
应收股利	0	1,460,135	0	0	0
其他应收款	341,734,091	406,155,337	436,239,169	372,486,761	348,834,928
买入返售金融资产		0	0	0	0

图5-18　设置后的资产负债表

5.3 利润表分析与可视化

利润表是反映企业一定会计期间(如月度、季度、半年度或年度)生产经营成果的会计报表。企业一定会计期间的经营成果既可能表现为盈利,也可能表现为亏损,因此,利润表也被称为损益表。它全面揭示了企业在某一特定时期实现的各种收入、发生的各种费用、成本或支出,以及企业实现的利润或发生的亏损情况。

本节主要对科大讯飞各项利润的增减变动、结构增减变动及影响利润的收入与成本进行分析,实现数据可视化。可视化效果如图5-19所示。

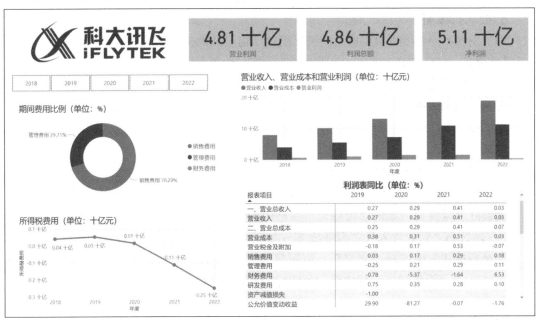

图5-19　利润表可视化

利润表可视化可通过插入公司Logo、插入切片器、插入卡片图、插入环形图、插入折线图、插入簇状柱形图、插入矩阵等步骤完成。

1. 插入公司Logo
插入公司Logo的具体操作方法如章节5.2所述,此处不再重复。

2. 插入切片器
为显示不同年度的利润表数据,需要插入切片器。具体操作方法如章节5.2所述,此处不再重复。

3. 插入卡片图
为反映公司的营业利润、利润总额和净利润,需要插入卡片图。设置的度量值如下。

- 营业利润 = CALCULATE(SUM('利润表'[金额]),'利润表'[报表项目]="三、营业利润")
- 利润总额 = CALCULATE(SUM('利润表'[金额]),'利润表'[报表项目]="四、利润总额")

视频:
利润表可视化

- 净利润 = CALCULATE(SUM('利润表'[金额]),'利润表'[报表项目]="五、净利润")

插入卡片图的具体操作方法如章节5.2所述,此处不再重复。

4. 插入环形图

为了反映不同年度的销售费用、管理费用和财务费用的占比关系,需要插入环形图。设置的度量值如下。

- 销售费用 = CALCULATE(SUM('利润表'[金额]),'利润表'[报表项目]="销售费用")
- 管理费用 = CALCULATE(SUM('利润表'[金额]),'利润表'[报表项目]="管理费用")
- 财务费用 = CALCULATE(SUM('利润表'[金额]),'利润表'[报表项目]="财务费用")

插入环形图的具体操作方法如章节5.2所述,此处不再重复。

5. 插入折线图

为了反映不同年度所得税费用的变化趋势,需要插入折线图。设置的度量值如下。

所得税费用 = CALCULATE(SUM('利润表'[金额]),'利润表'[报表项目]="减:所得税费用")

插入折线图的具体操作方法如章节5.2所述,此处不再重复。

6. 插入簇状柱形图

为了反映不同年度营业收入、营业成本和营业利润的变化,需要插入簇状柱形图。设置的度量值如下。

- 营业收入 = CALCULATE(SUM('利润表'[金额]),'利润表'[报表项目]="营业收入")
- 营业成本 = CALCULATE(SUM('利润表'[金额]),'利润表'[报表项目]="营业成本")

设置好度量值后,单击"可视化"窗格中的簇状柱形图按钮,字段值X轴选择"年度",Y轴选择"营业收入""营业成本"和"营业利润"。在"可视化"窗格中的"设置视觉对象格式"中选择"常规",将标题修改为"营业收入、营业成本和营业利润(单位:十亿元)"。设置后的簇状柱形图如图5-20所示。

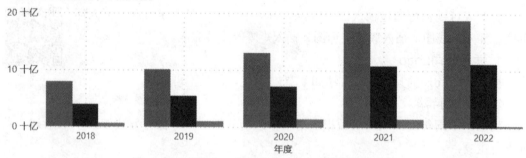

图5-20 营业收入、营业成本和营业利润簇状柱形图

7. 插入矩阵

为了更直观地展示不同年份利润表的同比变化,需要在Power BI中插入矩阵。设置的度量值如下。

- IS 上期金额 = VAR LastYear=SELECTEDVALUE('利润表'[年度])-1 return

CALCULATE(SUM('利润表'[金额]),'利润表'[年度]=LastYear)
- 同比 = IF(SELECTEDVALUE('利润表'[年度])>2018,DIVIDE(SUM('利润表'[金额])-[IS 上期金额],[IS 上期金额]))

单击"可视化"窗格中的矩阵按钮，行选择"报表项目"，列选择"年度"，值选择"同比"。在"可视化"窗格中的"设置视觉对象格式"中选择"常规"，将标题修改为"利润表同比(单位：%)"。设置后的利润表如图5-21所示。

利润表同比（单位：%）				
报表项目	2019	2020	2021	2022
一、营业总收入	0.27	0.29	0.41	0.03
营业收入	0.27	0.29	0.41	0.03
二、营业总成本	0.25	0.29	0.41	0.07
营业成本	0.38	0.31	0.51	0.03
营业税金及附加	-0.18	0.17	0.53	-0.07
销售费用	0.03	0.17	0.29	0.18
管理费用	-0.25	0.21	0.29	0.11
财务费用	-0.78	-5.37	-1.64	6.53
研发费用	0.75	0.35	0.28	0.10
资产减值损失	-1.00			
公允价值变动收益	29.90	-81.27	-0.07	-1.76

图5-21　设置后的利润表

5.4　现金流量表分析与可视化

现金流量表能够反映出资产负债表中各个项目对现金流量的影响，并根据其用途划分为经营、投资及融资三个活动分类，详细描述了由公司的经营、投资与筹资活动所产生的现金流。

本节主要对科大讯飞现金流量表的结构进行分析，包括流入结构、流出结构和流入流出比率，实现数据可视化。可视化效果如图5-22所示。

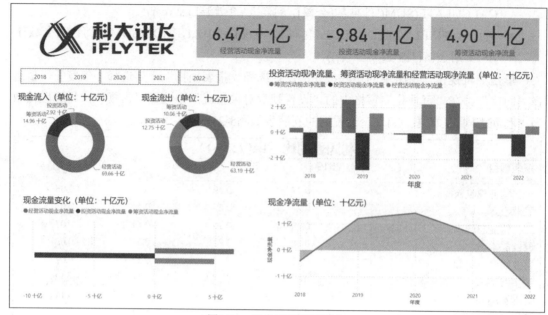

图5-22 现金流量表可视化

现金流量表可视化可通过插入公司Logo、插入切片器、插入卡片图、插入环形图、插入簇状条形图、插入簇状柱形图、插入分区图等步骤完成。

1. 插入公司Logo

插入公司Logo的具体操作方法如章节5.2所述，此处不再重复。

视频：
现金流量表可视化

2. 插入切片器

为显示不同年度的利润表数据，需要插入切片器。具体操作方法如章节5.2所述，此处不再重复。

3. 插入卡片图

为反映公司的经营活动现金净流量、投资活动现金净流量和筹资活动现金净流量，需要插入卡片图。设置的度量值如下。

- 经营活动现金净流量 = CALCULATE(SUM('现金流量表'[金额]),'现金流量表'[报表项目]="经营活动产生的现金流量净额")

- 投资活动现金净流量 = CALCULATE(SUM('现金流量表'[金额]),'现金流量表'[报表项目]="投资活动产生的现金流量净额")

- 筹资活动现金净流量 = CALCULATE(SUM('现金流量表'[金额]),'现金流量表'[报表项目]="筹资活动产生的现金流量净额")

插入卡片图的具体操作方法如章节5.2所述，此处不再重复。

4. 插入环形图

为了反映不同年度的现金流入和现金流出情况，需要插入环形图。设置的度量值如下。

- 现金流入 = CALCULATE(SUM('现金流量表'[金额]),'现金流量表'[CF类别2]="现金流入")

- 现金流出 = CALCULATE(SUM('现金流量表'[金额]),'现金流量表'[CF类别2]="现金流出")

插入环形图的具体操作方法如章节5.2所述，此处不再重复。

5. 插入簇状条形图

为了反映不同年度现金流量的变化趋势，需插入簇状条形图。单击"可视化"窗格中的簇状条形图按钮，X轴选择"经营活动现金净流量""投资活动现金净流量"和"筹资活动现金净流量"。在"可视化"窗格中的"设置视觉对象格式"中选择"常规"，将标题修改为"现金流量变化(单位：十亿元)"。设置后的簇状条形图如图5-23所示。

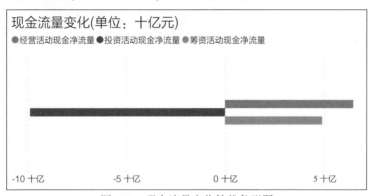

图5-23　现金流量变化簇状条形图

6. 插入簇状柱形图

为了反映不同年度经营活动、投资活动和筹资活动现金净流量的变化，需要插入簇状柱形图。具体操作方法如章节5.3所述，此处不再重复。

7. 插入分区图

为了反映不同年度现金净流量的变化趋势，需要插入分区图。设置的度量值如下。

现金净流量 = CALCULATE(SUM('现金流量表'[金额]),'现金流量表'[报表项目]="五、现金及现金等价物净增加额")

设置度量值后插入分区图。单击"可视化"窗格中的分区图按钮，X轴选择"年度"，Y轴选择"现金净流量"。在"可视化"窗格中的"设置视觉对象格式"中选择"常规"，将标题修改为"现金净流量(单位：十亿元)"。设置后的分区图如图5-24所示。

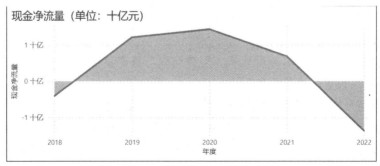

图5-24　现金净流量分区图

5.5 偿债能力分析与可视化

偿债能力是指企业用其资产偿还长期债务与短期债务的能力,是反映企业财务状况和经营能力的重要标志,它涵盖了企业偿还短期债务和长期债务的能力。偿债能力的主要指标包括流动比率、速动比率、现金比率、资产负债率、产权比率和权益乘数等。

本节介绍如何分析科大讯飞的偿债能力,实现数据可视化。可视化效果如图5-25所示。

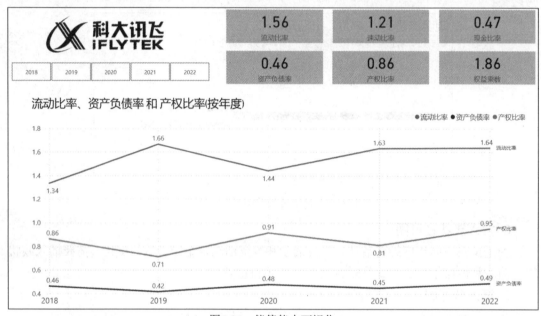

图5-25 偿债能力可视化

偿债能力可视化可通过插入公司Logo、插入切片器、插入卡片图、插入折线图等步骤完成。

1. 插入公司Logo

插入公司Logo的具体操作方法如章节5.2所述,此处不再重复。

2. 插入切片器

为显示不同年度的偿债能力,需要插入切片器。具体操作方法如章节5.2所述,此处不再重复。

视频:
偿债能力可视化

3. 插入卡片图

为反映公司的流动比率、速动比率、现金比率、资产负债率、产权比率和权益乘数,需要插入卡片图。设置的度量值如下。

- 流动比率 = DIVIDE([流动资产合计],[流动负债合计])
- 速动资产 = CALCULATE(SUM('资产负债表'[金额]),'资产负债表'[报表项目]="货币资金"||'资产负债表'[报表项目]="应收票据"||'资产负债表'[报表项目]="应收账款"||'资产负债表'[报表项目]="预收账款"||'资产负债表'[报表项目]="其他应收款")

- 速动比率 = DIVIDE([速动资产],[流动负债合计])
- 货币资金 = CALCULATE(SUM('资产负债表'[金额]),'资产负债表'[报表项目]="货币资金")
- 现金比率 = DIVIDE([货币资金],[流动负债合计])
- 资产负债率 = DIVIDE([负债合计],[资产合计])
- 产权比率 = DIVIDE([负债合计],[所有者权益合计])
- 权益乘数 = DIVIDE([资产合计],[所有者权益合计])

插入卡片图的具体操作方法如章节5.2所述，此处不再重复。

4. 插入折线图

为了反映不同年度偿债能力的变化趋势，需要插入折线图。具体操作方法如章节5.2所述，此处不再重复。

5.6 营运能力分析与可视化

营运能力是指企业的经营运行能力，即企业运用各项资产以赚取利润的能力，对反映企业资产营运效率与效益的指标进行计算与分析，评价企业的营运能力，为提高企业经济效益指明方向。企业营运能力的财务分析指标包括存货周转率、应收账款周转率、营业周期、流动资产周转率和总资产周转率等。

本节介绍如何分析科大讯飞的营运能力，实现数据可视化。可视化效果如图5-26所示。

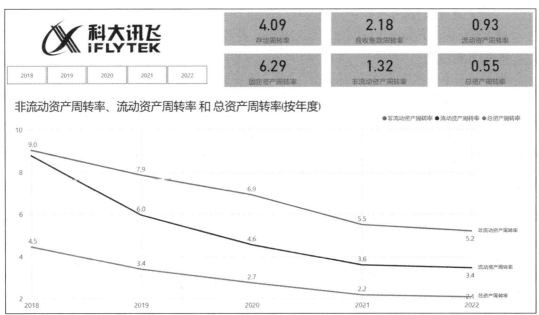

图5-26 营运能力可视化

营运能力可视化可通过插入公司Logo、插入切片器、插入卡片图、插入折线图等步骤完成。

1. 插入公司Logo

插入公司Logo的具体操作方法如章节5.2所述，此处不再重复。

视频：
营运能力可视化

2. 插入切片器

为显示不同年度的营运能力，需要插入切片器。具体操作方法如章节5.2所述，此处不再重复。

3. 插入卡片图

为反映公司的应收账款周转率、存货周转率、固定资产周转率、流动资产周转率、非流动资产周转率和总资产周转率，需要插入卡片图。设置的度量值如下。

- 应收账款周转率 = var A=[营业收入] var B=CALCULATE(SUM('资产负债表'[金额]),'资产负债表'[报表项目]="应收账款")return DIVIDE(A,B)
- 存货周转率 = var A=[营业成本] var B=CALCULATE(SUM('资产负债表'[金额]),'资产负债表'[报表项目]="存货")return DIVIDE(A,B)
- 固定资产周转率 = var A=[营业收入] var B=CALCULATE(SUM('资产负债表'[金额]),'资产负债表'[报表项目]="固定资产净额")return DIVIDE(A,B)
- 流动资产周转率 = var A=[营业收入] var B=CALCULATE(SUM('资产负债表'[金额]),'资产负债表'[报表项目]="流动资产合计")return DIVIDE(A,B)
- 非流动资产周转率 = var A=[营业收入] var B=CALCULATE(SUM('资产负债表'[金额]),'资产负债表'[报表项目]="非流动资产合计")return DIVIDE(A,B)
- 总资产周转率 = var A=[营业收入] var B=CALCULATE(SUM('资产负债表'[金额]),'资产负债表'[报表项目]="资产总计")return DIVIDE(A,B)

插入卡片图的具体操作方法如章节5.2所述，此处不再重复。

4. 插入折线图

为了反映不同年度营运能力的变化趋势，需要插入折线图。具体操作方法如章节5.2所述，此处不再重复。

5.7 盈利能力分析与可视化

盈利能力是指企业获取利润的能力，也称为企业的资金或资本增值能力，通常表现为一定时期内企业收益数额的多少及其水平的高低。盈利能力指标主要包括营业利润率、资产净利率、资本收益率、销售净利率、销售毛利率、净资产收益率等。

本节介绍如何分析科大讯飞的盈利能力，实现数据可视化。可视化效果如图5-27所示。

第 5 章 财务数据分析与可视化 | 147

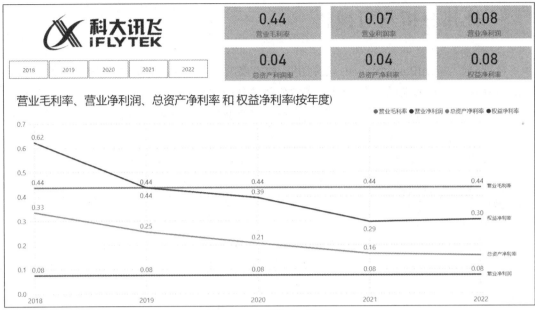

图5-27 盈利能力可视化

盈利能力可视化可通过插入公司Logo、插入切片器、插入卡片图、插入折线图等步骤完成。

1. 插入公司Logo
插入公司Logo的具体操作方法如章节5.2所述，此处不再重复。

2. 插入切片器
为显示不同年度的盈利能力，需要插入切片器。具体操作方法如章节5.2所述，此处不再重复。

3. 插入卡片图
为反映公司的营业毛利率、营业利润率、营业净利润、总资产利润率、总资产净利率和权益净利率，需要插入卡片图。设置的度量值如下。

- 营业毛利率 = var A=[营业收入] var B=[营业收入]-[营业成本] return DIVIDE(B,A)
- 营业利润率 = DIVIDE([营业利润],[营业收入])
- 营业净利润 = DIVIDE([净利润],[营业收入])
- 总资产利润率 = DIVIDE([利润总额],[资产合计])
- 总资产净利率 = DIVIDE([净利润],[资产合计])
- 权益净利率 = [总资产净利率]*[权益乘数]

插入卡片图的具体操作方法如章节5.2所述，此处不再重复。

4. 插入折线图
为了反映不同年度盈利能力的变化趋势，需要插入折线图。具体操作方法如章节5.2所述，此处不再重复。

5.8 杜邦分析与可视化

杜邦分析法(DuPont Analysis)是利用几种主要的财务比率之间的关系来综合地分析企业的财务状况。具体来说，它是用来评估公司盈利能力和股东权益回报水平，从财务角度评价企业绩效的一种经典方法。其基本思想是将企业净资产收益率逐级分解为多项财务比率乘积，这样有助于深入分析比较企业经营业绩。

使用杜邦分析法对科大讯飞进行可视化分析。可视化效果如图5-28所示。

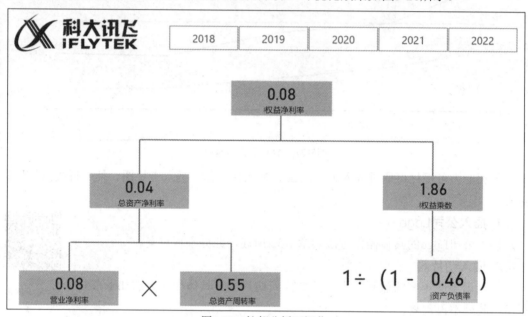

图5-28　杜邦分析可视化

杜邦分析可视化可通过插入公司Logo、插入切片器、插入卡片图、插入图形符号等步骤完成。

1. 插入公司Logo

插入公司Logo的具体操作方法如章节5.2所述，此处不再重复。

2. 插入切片器

为显示不同年度的杜邦分析法数据，需要插入切片器。具体操作方法如章节5.2所述，此处不再重复。

视频：
杜邦分析可视化

3. 插入卡片图

为反映公司权益净利率、总资产净利率、营业净利率、总资产周转率、权益乘数和资产负债率等杜邦分析法下的指标，需要插入卡片图。具体操作方法如章节5.2所述，此处不再重复。

4. 插入横线、竖线和乘号等图形符号

为建立杜邦分析法指标的层级关系，需要插入横线、竖线和乘号等图形符号。单击"插入"→"形状"，选择"直线"，通过调整格式和位置来构建杜邦分析法的层级关系。

复习与思考

请从新浪财经官方网站下载"光迅科技(股票代码：002281)"财务报表，并使用Power BI对其2018—2022年度的财务数据进行可视化分析。

建议：可以从以下方面进行数据可视化分析。

- 资产负债表分析；
- 利润表分析；
- 现金流量表分析；
- 偿债能力分析；
- 营运能力分析；
- 盈利能力分析；
- 杜邦分析。

参考文献

[1] 葛幸元. 基于可视化技术的财务数据分析案例研究[J]. 今日财富，2022(16)：136-138.

[2] 郭雪飞. 财务管理学[M]. 北京：对外经济贸易大学出版社，2013.

[3] 李妮，韦春妙. 基于Power BI的智能化财务分析研究[J]. 财经界，2023(08)：98-100.

[4] 汪刚. 财务大数据分析与可视化：基于Power BI案例应用[M]. 北京：人民邮电出版社，2021.

[5] 张文忠，胡静波. 基础会计学[M]. 大连：东北财经大学出版社，2015.

[6] 张紫云. 高维财务数据的可视化——以杜邦分析法为例[J]. 商业会计，2023(05)：105-108.

[7] 朱锴剑. 大数据下企业财务数据可视化的应用现状与趋势探析[J]. 中国总会计师，2023(05)：114-116.

第6章 企业财务与运营数据可视化分析

【案例导入】

本章案例公司是某家以多品牌服装服饰为主导产业、跨产业发展的综合性民营企业。本章我们以案例公司的部分财务数据为基础,通过数据获取、数据整理、数据建模、数据分析这一路径,介绍如何使用Power BI做好公司财务与运营数据的综合可视化分析,包括销售分析、应收账款分析、费用分析及完成度分析。

6.1 销售分析与可视化

6.1.1 建模准备

1. 导入数据与整理

导入本案例数据的步骤如下。

(1) 运行Power BI Desktop,新建一个文件。

(2) 在"主页"选项卡中单击Excel按钮,出现"打开"对话框。

(3) 在该对话框中,选择本案例提供的Excel数据文件"销售可视化分析案例数据.xlsx",然后单击"打开"按钮,出现"导航器"对话框。

(4) 在该对话框中左侧列表中依次单击选中各工作表,因为需要将各表涉及的编码字段改为"文本"类型,在此单击"转换数据"按钮,进入"Power Query编辑器"窗口。如果数据源无须转换操作,在此直接单击"加载"按钮即可。

(5) 选中"产品"表,再单击"产品编码"列,然后在功能区"数据类型"下拉框中将数据类型设置为"文本",出现提示框,单击"替换当前转换"按钮即可。

(6) 重复第(5)步,依次将"客户"表的"客户编码"、"销售部门"表的"部门编码"、"业务员"表的"业务员编码"、"销售数据"表的"部门编码""业务员编码""客户编码""产品编码"的数据类型,均设置为"文本"类型。

(7) 设置完毕,单击"关闭并应用"→"关闭并应用"按钮保存并应用。

2. 生成与标记日期表

(1) 生成日期表。

日期是重要的数据分析维度，通常需要建立日期表。建立日期表的方式有多种，如利用Excel、M语言或者DAX语言等，在此利用DAX自动建立日期表。

第一，切换到报表视图中的"建模"选项卡，或者数据视图中的"主页"或"表工具"选项卡，然后单击"新建表"按钮，出现公式栏。

第二，在公式栏中输入定义新表公式。利用DAX生成日期表有多种方法，在此给出一种常用公式：

Calendar =
generate(
calendarauto( ),
VAR currentdate =[date]
VAR year =year(currentdate)
VAR quarter =QUARTER(currentdate)
var month =format(currentdate,"MM")
var day =day(currentdate)
var weekid = weekday(currentdate)
return row(
"年度",year&"年",
"季度",quarter&"季度",
"月份",month&"月",
"日",day
"年度季度",year&"Q"&quarter,
"年度月份",year&month,
"星期几",weekid
))

第三，公式输入完毕后，按<回车>键或用鼠标单击公式前的"√"按钮保存公式，即可自动生成"Calendar"表。

(2) 标记日期表。

可将以上生成的"Calendar"表标记为"日期表"，系统将对其数据进行自动校验，方法如下：

- 在"字段"窗格右键单击"日期表"，出现快捷菜单；
- 选择快捷菜单中的"标记为日期表"→"标记为日期表"，出现对话框；
- 在对话框中选择"date"列，系统即可自动对该列进行数据验证。

3. 建立表间关系

本章节为了便于后续各维度分析，需要在"销售数据"表与"销售部门""业务员""客户""产品""Calendar"等表间建立关系。单击模型视图按钮，可以看到，系统已自动建立了"销售数据"表与"销售部门""业务员""客户""产品"表的关系,如图6-1所示。自动建立表间关系的依据是不同表包含名称相同的字段。

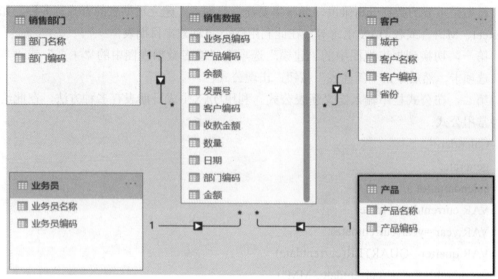

图6-1 自动构建关系图

4. 建立产品层次结构与相关度量值

(1) 获取父级产品编码。

根据原始表,产品共分为4个级次,第一级编码长度为1;第二级编码长度为3,左边第1位为其一级产品编码;第三级编码长度为5,左边前3位为其二级产品编码;第四级编码长度为7,左边前5位为其三级产品编码。

① 生成编码长度。首先,在报表视图或模型视图中,选中"主页"选项卡,然后在功能区中单击"转换数据"按钮,打开"Power Query 编辑器"窗口。其次,在左侧查询列表中选中"产品"表,再单击选中该表的"产品编码"列。最后,切换到"添加列"选项卡,选择"提取"→"长度",系统自动新增一列,默认名称"长度",如图6-2所示。

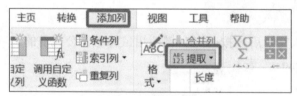

图6-2 提取长度

② 提取编码前1位、前3位、前5位。继续选中"产品编码"列,然后在"添加列"选项卡中选择"提取"→"首字符",出现对话框。

将"计数"设置为1,然后单击"确定"按钮。此时,系统自动生成一列,双击该列标题,将其重命名为"前1位"。

将"计数"设置为3,然后单击"确定"按钮。此时,系统自动生成一列,双击该列标题,将其重命名为"前3位"。

将"计数"设置为5,然后单击"确定"按钮。此时,系统自动生成一列,双击该列标题，将其重命名为"前5位"。

③ 生成父级产品编码。在"添加列"选项卡中单击"条件列"按钮，出现"添加条件列"对话框，将新列名设置为"父级产品编码"。

设置第一个 If 语句。将"列名"设置为"长度"；将"运算符"设置为"等于"；将"值"设置为1；单击"输出"下方的下拉框器，选择其中的"选择列"，然后在后面下拉框中选择"前1位"列。

单击"添加子句"按钮，继续设置Else If 语句。将"列名"设置为"长度"；将"运算符"设置为"等于"；将"值"设置为3；将"输出"设置为"前1位"列。

单击"添加子句"按钮，继续设置第二个 Else If 语句。将"列名"设置为"长度"；将"运算符"设置为"等于"；将"值"设置为5；将"输出"设置为"前3位"列。

最后设置ELSE 语句。将输出设置为"前5位"列。

条件设置完毕，单击"确定"按钮即可自动生成"父级产品编码"列，如图6-3所示。设置完毕，切换到"主页"选项卡，单击"关闭并应用"→"关闭并应用"按钮保存并应用。

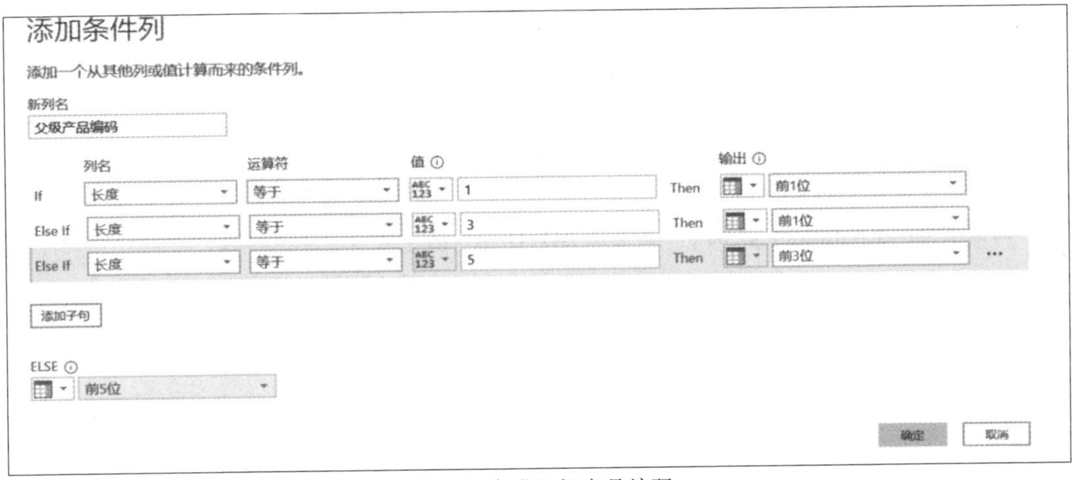

图6-3　生成父级产品编码

(2) 设置产品层次结构。

① 新建父级产品名称列。在报表视图中，从字段列表中选中"产品"表，然后在"建模"选项卡或"表工具"选项卡中单击"新建列"按钮；或者，在数据视图中，从字段列表中选中"产品"表，然后在"主页"选项卡或"表工具"选项卡中单击"新建列"按钮。执行上述操作后，出现公式栏。

在公式栏中，输入公式如下。

父级产品名称 =LOOKUPVALUE('产品'[产品名称],'产品'[产品编码],'产品'[父级产品编码])

输入完毕，按<回车>键或者单击公式栏中的"√"按钮保存公式，在"产品"表中自动添加"父级产品名称"列，并自动计算填充相关数据。

② 新建产品名称表示的产品层级列。在报表视图中，从字段列表中选中"产品"表，然后在"建模"选项卡或"表工具"选项卡中单击"新建列"按钮；或者，在数据视图中，从字段列表中选中"产品"表，然后在"主页"选项卡或"表工具"选项卡中单击

"新建列"按钮。执行上述操作后,出现公式栏。

在公式栏中,输入公式如下。

产品层级=path('产品'[产品名称],'产品'[父级产品名称])

输入完毕,按<回车>键或者单击公式栏中的"√"按钮保存公式,在"产品"表中自动添加"产品层级"列,并自动计算填充相关数据。

③ 新建各级产品名称列。利用"新建列"功能,在"产品"表中新建"一级产品""二级产品""三级产品""四级产品"4个字段,公式分别如下。

一级产品=pathitem('产品'[产品层级],1)
二级产品=if(pathitem('产品'[产品层级],2)=BLANK( ),
　　　　　pathitem('产品'[产品层级],1),
　　　　　pathitem('产品'[产品层级],2)
　　　　　)
三级产品=if(pathitem('产品'[产品层级],3)=BLANK( ),
　　　　　if(pathitem('产品'[产品层级],2)=BLANK(),
　　　　　　pathitem('产品'[产品层级],1),
　　　　　　pathitem('产品'[产品层级],2)),
　　　　　pathitem('产品'[产品层级],3)
　　　　　)
四级产品=if(pathitem('产品'[产品层级],4)=BLANK( ),
　　　　　if(pathitem('产品'[产品层级],3)=BLANK( ),
　　　　　　if(pathitem('产品'[产品层级],2)=BLANK( ),
　　　　　　　pathitem('产品'[产品层级],1),
　　　　　　　pathitem('产品'[产品层级],2)),
　　　　　　pathitem('产品'[产品层级],3)),
　　　　　pathitem('产品'[产品层级],4))

④ 新建产品级次列。利用"新建列"功能,在"产品"表中新建"产品级次"列,其公式如下。

产品级次=pathlength('产品'[产品层级])

(3) 建立产品层次结构分析所需的度量值。

① "是否被各级次筛选"度量值。在报表视图中的"建模"选项卡中,或者在数据视图中的"主页"或"表工具"选项卡中,单击功能区"新建度量值"按钮,出现新建度量值公式栏。在公式栏中输入公式如下。

是否被一级产品筛选=ISFILTERED('产品'[一级产品])

然后,按<回车>键或者用鼠标单击公式栏前的"√"按钮保存度量值。

重复上述步骤,依次建立以下度量值。

是否被二级产品筛选=ISFILTERED('产品'[二级产品])
是否被三级产品筛选=ISFILTERED('产品'[三级产品])

是否被四级产品筛选=ISFILTERED('产品'[四级产品])

② "产品透视深度"度量值。参照上述步骤,新建"产品透视深度"度量值,其公式如下。

产品透视深度=[是否被一级产品筛选]+[是否被二级产品筛选]
+[是否被三级产品筛选]+[是否被四级产品筛选]

③ "产品层级最大深度"度量值。参照上述步骤,新建"产品层级最大深度"度量值,其公式如下。

产品层级最大深度=max('产品'[产品级次])

6.1.2 销售下钻分析

1. 插入公司Logo

单击窗口左侧的报表视图按钮,再单击"插入"→"图像"按钮,选择插入案例库中的企业Logo,并调整Logo图片的大小和位置。

视频:
销售下钻分析

2. 插入切片器

插入部门切片器,切换到报表视图。在"可视化"窗格中,单击切片器按钮,画布中自动出现切片器。在右侧字段列表中,选择"销售部门"表中的"部门名称"字段,按下鼠标左键,将其拖曳到"可视化"窗格中的"字段"框处。切换到"设置视觉对象格式",单击展开"常规"选项,将"方向"参数设置为"水平"。单击展开"选择控件"选项,将"显示'全选'"选项打开,将"切片器标头"选项关闭。在"项目"选项下,可以设置项目的字体颜色、背景、边框、文本大小、字体系列等属性,在此将文本大小设置为10。将"标题"选项打开,设置标题为"选择部门",并可设置背景色、对齐方式、文本大小、字体系列等属性,在此将文本大小设置为10。在"背景"选项下,可以设置背景色、透明度,在此保持默认值。将"边框"选项打开,并可设置边框颜色、半径等属性,在此保持默认值。将"阴影"选项打开,可以设置边框颜色、阴影位置、对齐方式等属性,在此保持默认值。生成的部门切片器如图6-4所示。

图6-4 部门切片器

在画布空白处单击鼠标,参照上述部门切片器的设置方法,设置业务员切片器,对应字段为"业务员"表中的"业务员名称"字段;设置省份切片器,对应字段为"客户"表中的"省份"字段,并设置相关选项、大小与位置。

3. 建立度量值

(1) "销量"度量值。在字段列表中选中"销售数据"表,在功能区单击"新建度量值"按钮,出现定义度量值公式栏,输入公式为

销量=if([产品透视深度]>[产品层级最大深度],BLANK( ),sum('销售数据'[数量]))

设置完毕,按<回车>键,或者单击公式栏前的"√"按钮,保存度量值。

(2) "销售额"度量值。在字段列表中选中"销售数据"表,在功能区单击"新建度

量值”按钮，出现定义度量值公式栏，输入公式为

销售额=if([产品透视深度]>[产品层级最大深度],BLANK(),sum('销售数据'[金额]))

设置完毕，按<回车>键，或者单击公式栏前的“√”按钮，保存度量值。

(3)“显示内容”度量值。为了根据切片器选择的分析项目显示相应值，可定义以下度量值。在字段列表中选中“销售数据”表，在功能区单击“新建度量值”按钮，出现定义度量值公式栏，输入公式为

显示内容=if([项目]="销量",[销量],[销售额])

设置完毕，按<回车>键，或者单击公式栏前的“√”按钮，保存度量值。

(4) 将度量值集中存储于某空白表。度量值分散于不同表中，不便于查看和使用，可以将所有度量值集中存放于一张单独的空白表，方法如下。

在报表视图或模型视图中，选择“主页”选项卡，然后单击“输入数据”按钮，出现“创建表”对话框。输入表名“度量值表”，其他参数保持默认，单击“加载”按钮，新建一张名为“度量值表”的空白表。选中某个已经建立好的度量值，然后在功能区左上角“主表”下拉框中，将度量值所属主表设置为以上新建的“度量值表”。重复该操作，将所有已建立的度量值集中存放于“度量值表”。在字段列表中选中“度量值表”，在“列1”字段上单击鼠标右键，从快捷菜单中选择“删除”命令，将该列删除。设置完成后保存。

4. 建立销售统计矩阵

在报表视图中，在“可视化”窗格中单击矩阵可视化对象按钮，画布自动出现矩阵。在字段列表中选择“产品”表，将其中的“产品层次结构”拖曳到“可视化”窗格中的“行”字段处。在字段列表中选择“Calendar”表，将其“年”字段拖曳到“可视化”窗格中的“列”字段处；将“显示内容”度量值拖曳到“可视化”窗格中的“值”字段处。根据需要设置矩阵格式参数、大小与位置。模型设置完毕，保存文件。相关人员可通过切片器选择部门、业务员、省份、分析项目，将按产品层级动态显示各年销售数据，如图6-5所示。

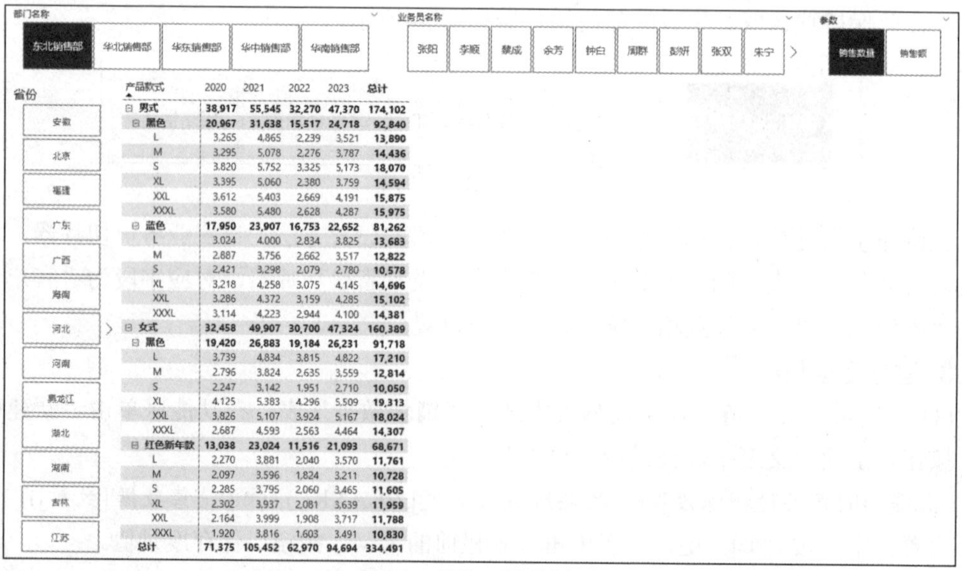

产品款式	2020	2021	2022	2023	总计
男式	38,917	55,545	32,270	47,370	174,102
黑色	20,967	31,638	15,517	24,718	92,840
L	3,265	4,865	2,239	3,521	13,890
M	3,295	5,078	2,276	3,787	14,436
S	3,820	5,752	3,325	5,173	18,070
XL	3,395	5,060	2,380	3,759	14,594
XXL	3,612	5,403	2,669	4,191	15,875
XXXL	3,580	5,480	2,628	4,287	15,975
蓝色	17,950	23,907	16,753	22,652	81,262
L	3,024	4,000	2,834	3,825	13,683
M	2,887	3,756	2,662	3,517	12,822
S	2,421	3,298	2,079	2,780	10,578
XL	3,218	4,258	3,075	4,145	14,696
XXL	3,286	4,372	3,159	4,285	15,102
XXXL	3,114	4,223	2,944	4,100	14,381
女式	32,458	49,907	30,700	47,324	160,389
黑色	19,420	26,883	19,184	26,231	91,718
L	3,739	4,834	3,815	4,822	17,210
M	2,796	3,824	2,635	3,559	12,814
S	2,247	3,142	1,951	2,710	10,050
XL	4,125	5,383	4,296	5,509	19,313
XXL	3,826	5,107	3,924	5,167	18,024
XXXL	2,687	4,593	2,563	4,464	14,307
红色新年款	13,038	23,024	11,516	21,093	68,671
L	2,270	3,881	2,040	3,570	11,761
M	2,097	3,596	1,824	3,211	10,728
S	2,285	3,795	2,060	3,465	11,605
XL	2,302	3,937	2,081	3,639	11,959
XXL	2,164	3,999	1,908	3,717	11,788
XXXL	1,920	3,816	1,603	3,491	10,830
总计	71,375	105,452	62,970	94,694	334,491

图6-5 销售下钻分析图

6.1.3 销售趋势分析

1. 总体销售趋势折线图

在"可视化"窗格中单击折线图按钮，画布自动出现折线图。在字段列表中选择"Calendar"表，将其"年度"字段拖曳到"可视化"窗格中的"轴"字段处；将"显示内容"度量值拖曳到"可视化"窗格中的"值"字段处。设置折线图格式、大小与位置。将鼠标指向该可视化对象，然后单击其右上角的"…"按钮，出现快捷菜单，选择其中的"排序方式"→"年度"命令，使该图表按年度排序显示。设置年份显示顺序。将鼠标指向折线图，单击折线图右上角的"…"按钮，出现快捷菜单，选择其中的"以升序排序"命令，此时，年份轴便按照年份大小顺序显示。

视频：
销售趋势分析

2. 一级产品销售趋势折线图

单击选中上述制作好的折线图，按下组合键<Ctrl>+<C>复制该对象，再按下组合键<Ctrl>+<V>粘贴，即可复制出一份折线图。单击选中新复制的折线图，在"可视化"窗格中将其"图例"设置为"产品"表中的"一级产品"字段，设置该图的格式、大小与位置。

3. 二级产品销售趋势折线和簇状柱形图

在画布空白处单击鼠标，然后在"可视化"窗格中单击折线和簇状柱形图按钮，将其"共享轴"设置为"Calendar"表中的"年份"字段，将"图例"设置为"产品"表中的"二级产品"字段，将"列值"设置为"显示内容"度量值，将"行值"设置为"显示内容"度量值。将鼠标指向该可视化对象，然后单击其右上角的"…"按钮，出现快捷菜单，选择其中的"排序方式"→"年度"命令，使该图表按年度排序显示。设置年份显示顺序。将鼠标指向折线图，单击折线图右上角的"…"按钮，出现快捷菜单，选择其中的"以升序排序"命令，此时，年份轴便按照年份大小顺序显示。

同样的方法，可设置三级产品、四级产品销售趋势折线和簇状柱形图，效果如图6-6所示。

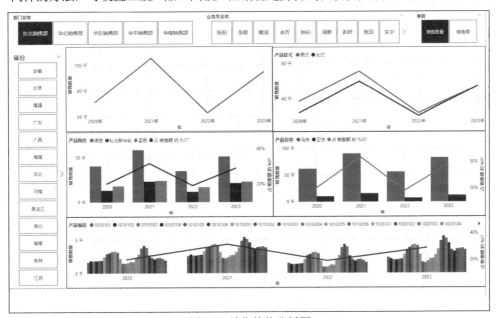

图6-6 销售趋势分析图

6.1.4 销售流向分析

1. 设置表头Logo和切片器

(1) 在报表视图中,单击表页名称标签后的"+"新建表页,然后双击新建页名称标签,将其重命名为"销量流向分析"。

(2) 插入表头Logo。单击"插入"→"图像"按钮,选择Logo文件,并调整Logo图片的大小和位置。

视频:
销售流向分析

(3) 插入表头文本。在"主页"或"插入"选项卡中单击功能区的"文本"按钮,插入一个空白文本框,输入文本内容"销量流向分析",设置字体颜色、字号、文本框背景色、边框等属性,并调整大小与位置。

(4) 在"可视化"窗格中单击切片器按钮,插入一个空白切片器。在字段列表中选择"Calendar"表中的"年度"字段,将其拖曳到"可视化"窗格中的"字段"栏处。将该切片器方向设置为"水平",根据需要设置其他格式选项,并适当调整大小、位置,设置完成后保存。

2. 销量流向分析——客户分析

在"可视化"窗格中单击饼图按钮◎,插入饼图可视化对象。在字段列表中选择"客户"表中的"客户名称"字段,将其拖曳到"可视化"窗格中的"图例"栏处。在字段列表中选择"销量"度量值,将其拖曳到"可视化"窗格中的"值"字段栏处。假定只显示年购买量大于等于20 000件的客户。单击选中饼图,在"筛选器"窗格中的"销量"字段处,设置条件为"大于或等于20 000",然后单击"应用筛选器"按钮。调整格式选项、大小与位置后,保存文件,效果如图6-7所示。

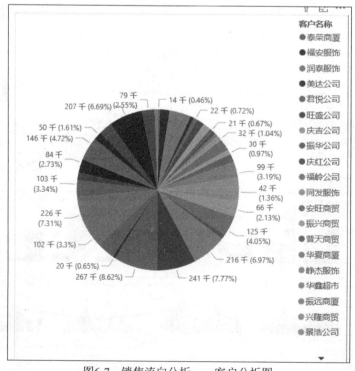

图6-7 销售流向分析——客户分析图

3. 销量流向分析——省份分析

单击选中上述制作好的饼图，按下组合键<Ctrl>+<C>复制该视觉对象，再按下组合键<Ctrl>+<V>粘贴一个副本。在字段列表中选择"客户"表中的"省份"字段，将其拖曳到"可视化"窗格中的"图例"栏处。在字段列表中选择"客户"表中的"城市"字段，将其拖曳到"可视化"窗格中的"详细信息"栏处。调整饼图大小与位置后，保存文件，效果如图6-8所示。

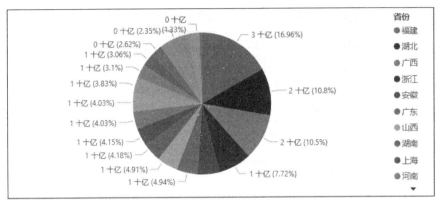

图6-8 销售流向分析——省份分析图

6.1.5 销售业绩分析

1. 销售业绩分析——部门分析

在"可视化"窗格中单击簇状条形图按钮，新增条形图可视化对象。将条形图的"轴"字段设置为"销售部门"表中的"部门名称"，将"值"字段设置为"销量"度量值。将条形图X轴单位改为"百万"，将"数据标签"选项打开，调整条形图其他格式选项、大小及位置后，保存文件，效果如图6-9所示。

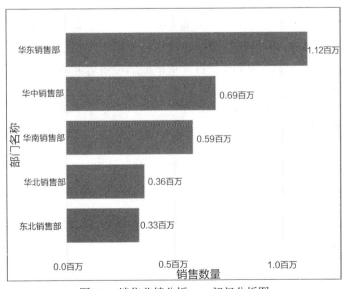

图6-9 销售业绩分析——部门分析图

2. 销售业绩分析——业务员分析

单击选中上述条形图，按下组合键<Ctrl>+<C>复制该视觉对象，再按下组合键<Ctrl>+<V>粘贴一个副本。用鼠标拖动新复制粘贴好的条形图调整其位置，并将其"轴"字段重新设置为"业务员"表中的"业务员名称"字段。设置完毕后，保存文件，效果如图6-10所示。

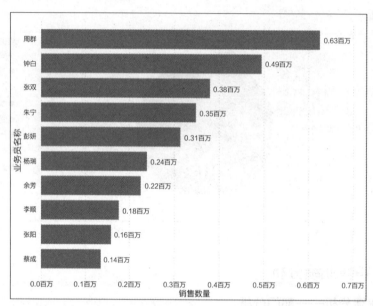

图6-10　销售业绩分析——业务员分析图

6.2 应收账款分析与可视化

应收账款作为企业流动资产的重要组成部分，可反映企业的资金周转速度、企业的经营现状及企业的发展情况。有效地管理应收账款，有利于加快资金周转，提高资金利用效率，还能有效地防范企业的经营风险，最大化地保障投资者利益，从而实现企业价值的最大化。因此，对应收账款质量问题的研究具有重要意义。

6.2.1 建模准备

1. 导入数据
导入数据的具体操作方法如章节6.1.1所述，此处不再重复。

2. 生成与标记日期表
生成与标记日期表的具体操作方法如章节6.1.1所述，此处不再重复。

3. 设置账龄表
在报表视图中，单击"主页"选项卡中的"输入数据"按钮，出现"创建表"对话框。双击默认列名"列1"，将其重命名为"序号"。单击"+"按钮，可新增一列，双

视频：
应收账款分析与
可视化

击列名,将其重命名为"账龄"。根据表6-1,依次输入各行序号和账龄。将表名设置为"账龄区间"。单击"加载"按钮即可创建新表。

表6-1 账龄区间

序号	账龄
1	0~30天
2	31~60天
3	61~90天
4	90天以上

4. 设置日期参数

本案例数据日期范围为2022年1月1日至2023年12月31日,为了便于后续分析,在此设置截止日期参数以进行账龄分析。实务中可以根据系统当前日期来自动计算账龄。

在报表视图中,单击"主页"选项卡中的"输入数据"按钮,出现"创建表"对话框。双击列名"列1",将其重命名为"截止日期"。输入第一条记录字段值"2024-01-31"。在表名文本框输入"日期参数",单击"加载"按钮即可创建新表。

5. 新建账龄列

如果应收账款余额为0,则账龄为空即可,否则需要计算账龄。账龄天数为日期参数设定的截止日期减去应收账款发生日期,再根据设定的账龄区间判断每笔应收账款实际账龄区间。

在"字段"窗格中选中"应收账款"表,在报表视图中选择"建模"选项卡或"表工具"选项卡,或者在数据视图中选择"主页"或"表工具"选项卡,然后在功能区中单击"新建列"按钮。在公式栏输入以下公式,然后按<回车>键保存。

账龄 =
var ye ='应收账款'[余额]
var zl=max('日期参数'[截止日期])-'应收账款'[日期]
var zl2=switch(true(),
ye=0,"",
zl<=30,"30天及以内",
zl<=60,"31天至60天",
zl<=90,"61天至90天",
zl>90,"90天以上")

6.2.2 各季度应收账款分析

在"可视化"窗格中单击饼图按钮,新增一个饼图。将"Calendar"表中的"年度"字段拖曳到"可视化"窗格的"图例"字段处,"应收账款余额"度量值拖曳到"可视化"窗格的"值"字段处。调整饼图的大小与位置。设置完毕后,保存文件,效果如图6-11所示。

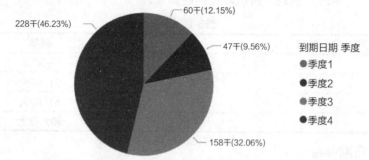

图6-11　各季度应收账款分析

6.2.3　应收账款余额滚动显示

在“可视化”窗格中，单击视觉对象最后的“…”按钮，出现快捷菜单，选择其中的“从文件导入视觉对象”。选择本案例提供的“scroller”视觉对象文件将其导入。在画布空白处单击鼠标，再单击导入的“scroller”视觉对象，将其插入画布。将该视觉对象的“Category”属性设置为“客户”表中的“客户名称”字段，将“Measure Absolute”属性设置为“应收账款余额”度量值。在“可视化”窗格中，单击按钮切换到“设置视觉对象格式”。将“标题”选项关闭；将“边框”选项打开；在“scroller”选项下，将“font size”设置为10，将“scroll speed”设置为1，调整该视觉对象的大小与位置。设置完毕后，保存文件。效果如图6-12所示。

公司名称	应收款排名	前N位应收账款
庆吉公司	1	90820
苏纺公司	2	90780
美达公司	3	64343
君悦公司	4	47900
高顺公司	5	47682
同昌公司	6	45321
旺盛公司	7	37130
振华公司	8	34562
朗泰公司	9	21800
幸福公司	10	12579

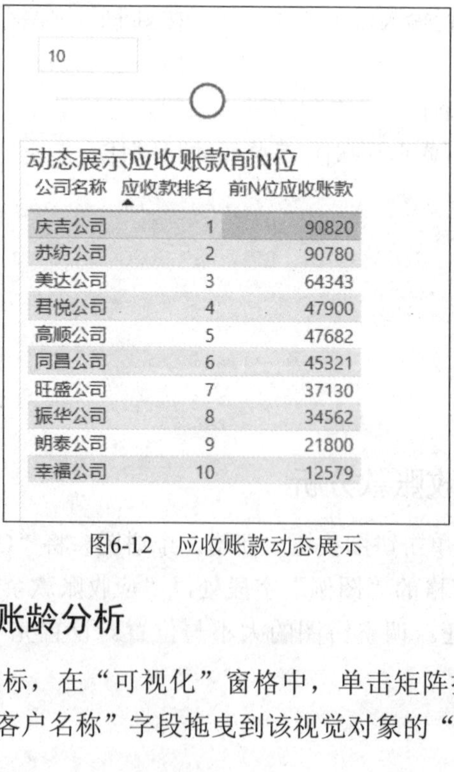

图6-12　应收账款动态展示

6.2.4　应收账款账龄分析

在画布空白处单击鼠标，在“可视化”窗格中，单击矩阵按钮，新增一个空白矩阵。将“客户”表中的“客户名称”字段拖曳到该视觉对象的“行”字段处，将“账龄区间"表中的"账龄"字段拖曳到该视觉对象的"列"字段处,将"应收账款余额"度量值拖曳到该表的"值"字段处。此时的账龄显示顺序并非预定的账龄顺序,需要重新排序。在字段列表中选中"账龄区间"表中的"账龄"字段,然后单击功能区的"按列排序"→"序号"按钮,此时各列账龄即可按正常顺序显示。在"可视化"窗格中,单击按钮切换到"设置视觉对象格式"。在"列标题"选项下,将"文本大小"设置为10;在"行标题"选项下,将"文本大小"设置为10;在"值"选项下,将"文本大小"设置为10。调整矩阵各栏宽度、大小与位置。设置完毕后,保存文件,效果如图6-13所示。

矩阵分析账龄 延期时长	0~30		30~60		60~90		90天以上		总计	
公司名称	应收金额	未收款金额	应收金额	未收款金额	应收金额	未收款金额	应收金额	未收款金额	应收金额	未收款金额
高顺公司					47682	42040			47682	42040
君悦公司			12900	6900			35000	15000	47900	21900
朗泰公司			21800	11800					21800	11800
美达公司			12390	2000	2063	794	49890	30000	64343	32794
庆吉公司	28000	13000					62820	19100	90820	32100
苏纺公司			56000	16000	34780	18668			90780	34668
同昌公司							45321	23249	45321	23249
旺盛公司			12240	350			24890	20000	37130	20350
幸福公司							12579	3156	12579	3156
振华公司							34562	13112	34562	13112
总计	28000	13000	115330	37050	84525	61502	265062	123617	492917	235169

图6-13 应收账款账龄矩阵分析

6.3 费用分析与可视化

6.3.1 建模准备

1. 导入数据与清洗

(1) 导入数据。

运行 Power BI Desktop,新建一个文件。在报表视图中,在"主页"选项卡中单击Excel按钮,出现"打开"对话框,选择本案例提供的 Excel 数据文件,然后单击"打开"按钮,出现"导航器"对话框。在"导航器"对话框中选中案例数据的4个工作表,然后单击"转换数据"按钮。

视频:
费用分析与可视化

单击选中"部门"表,再单击选中"部门编码"列,然后在功能区单击"数据类型"下拉框中将数据类型设置为"文本",单击"替换当前转换"按钮。

单击选中"费用项目"表,再单击选中"项目编码"列,然后在功能区单击"数据类型"下拉框中将数据类型设置为"文本",单击"替换当前转换"按钮。采用同样的操作,将"父级项目"列的数据类型设置为"文本"。

单击选中"科目"表,再单击选中"科目编码"列,然后在功能区单击"数据类型"

下拉框中将数据类型设置为"文本",单击"替换当前转换"按钮。

单击选中"凭证"表,再单击选中"日期"列,然后切换到"转换"选项卡,在功能区单击"填充"→"向下"按钮,系统自动向下填充日期空行。

(2) 拆分凭证表科目。观察科目列的值可以发现如下规律:代码与名称以空格分隔,代码部分中"_"前的为科目代码,之后的为辅助核算项编码。因此,按如下方法拆分出科目编码:选中"科目"列,在"转换"选项卡功能区中单击"拆分列"→"按分隔符"按钮。将分隔符设置为"空格",拆分位置设置为"最左侧分隔符",单击"确定"按钮,即可将科目列拆分为"科目.1"和"科目.2"两列。接下来进行第二次拆分,选中"科目.1"列,在"转换"选项卡功能区中单击"拆分列"→"按分隔符"按钮。将分隔符设置为"_",拆分位置设置为"最左侧分隔符",单击"确定"按钮,即可将科目列拆分为"科目.1.1"和"科目.1.2"两列,将"科目.1.1"重命名为"科目编码",将其数据类型改为"文本"。

(3) 拆分辅助核算编码。选中"科目.1.2"列,在"转换"选项卡功能区中单击"拆分列"→"按分隔符"按钮。将分隔符设置为"_",拆分位置设置为"最右侧分隔符",单击"确定"按钮,即可将科目列拆分为"科目.1.2.1"和"科目.1.2.2"两列,分别将其重命名为"辅助项1"和"辅助项2",并将其数据类型均改为"文本"。后续,将结合科目辅助核算类型及拆分出来的以上两列,重新生成"费用项目"和"费用部门"两列。

转换完成,切换到"主页"选项卡,单击"关闭并应用"按钮返回。

2. 生成与标记日期表

生成与标记日期表的具体操作方法如章节6.1.1所述,此处不再重复。

3. 建立货币单位表

在报表视图中,单击"主页"选项卡中的"输入数据"按钮,出现"创建表"对话框。双击默认列名"列1",将其重命名为"序号"。单击"序号"列后的"+"按钮,新增一列,双击列名,将其重命名为"单位"。单击"单位"列后的"+"按钮,新增一列,双击列名,将其重命名为"参数"。按照图6-14输入两行记录数据。将名称设置为"货币单位"。单击"加载"按钮,即可创建"货币单位"数据表。

在"字段"窗格中选中"货币单位"表中的"单位"列,然后在"列工具"选项卡中单击"按列排序"→"序号"按钮。

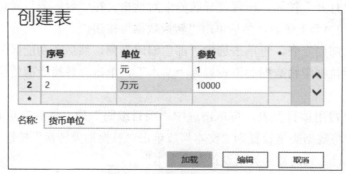

图6-14 创建货币单位表

4. 建立表间关系

建立表间关系的具体操作方法如章节6.1.1所述，此处不再重复。

6.3.2 费用环比分析

1. 插入公司Logo

插入公司Logo的具体操作方法如章节6.1.2所述，此处不再重复。

2. 插入切片器

为显示不同年度的费用数据，需插入切片器。具体操作方法如章节6.1.2所述，此处不再重复。

3. 建立度量值

(1) 上月费用。在报表视图中的"建模"选项卡下，或者在数据视图中的"主页"或"表工具"选项卡下，单击功能区"新建度量值"按钮，出现新建度量值公式栏。在公式栏中输入以下公式，输入完毕，按<回车>键或者用鼠标单击公式栏前的"√"按钮保存度量值。

$$上月费用=calculate([本期费用],dateadd('Calendar'[Date],-1,month))$$

(2) 环比增长。在报表视图中的"建模"选项卡中，或者在数据视图中的"主页"或"表工具"选项卡下，单击功能区"新建度量值"按钮，出现新建度量值公式栏。在公式栏中输入以下公式，输入完毕，按<回车>键或者用鼠标单击公式栏前的"√"按钮保存度量值。

$$环比增长 =[本期费用]-[上月费用]$$

(3) 环比增长率。在报表视图中的"建模"选项卡下，或者在数据视图中的"主页"或"表工具"选项卡下，单击功能区"新建度量值"按钮，出现新建度量值公式栏。在公式栏中输入以下公式，输入完毕，按<回车>键或者用鼠标单击公式栏前的"√"按钮保存度量值。

$$环比增长率=divide([环比增长],[上月费用])$$

最后，在功能区"格式"下拉框中将其数据格式设置为"百分比"。

4. 费用环比分析

在报表视图中，在画布空白处单击鼠标，然后在"可视化"窗格中单击矩阵按钮，插入一个空白矩阵。将"费用项目"表中的"费用层次结构"拖曳到该视觉对象的"行"字段处。在"筛选器"窗格中，将"一级费用"筛选条件设置为不等于空白。依次将"上月费用""本期费用""环比增长""环比增长率"度量值拖曳到该视觉对象的"值"字段处。在"可视化"窗格中，单击按钮，切换到"设置视觉对象格式"，将"边框"选项打开。然后，调整该视觉对象的大小与位置。

在"可视化"窗格中单击"…"按钮，出现快捷菜单，选择其中的"从文件导入视觉对象"，导入本案例提供的视觉对象"Zebra BI Charts"。在画布空白处单击鼠标，插入一个视觉对象。将"费用项目"表中的"一级费用"字段拖曳到该视觉对象的"Category"字段处，将"本期费用"度量值拖曳到该视觉对象的"Values"字段处，将"上月费用"度量值拖曳到该视觉对象的"Previous year"字段处。在"筛选器"窗格中，将"一级费用"筛选条件设置为不等于空白。在"可视化"窗格中，单击按钮切换到"设置视觉对象格式",将"标题"选项关闭,将"边框"选项打开。调整该视觉对象的大小与位置,保存文件,效果如图6-15所示。

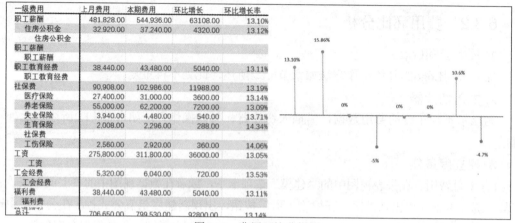

图6-15 费用环比分析图

6.4 完成度分析与可视化

6.4.1 建模准备

1. 导入数据与清洗

运行Power BI,新建一个文件,命名为"完成度分析"。

在报表视图中,单击"主页"选项卡中的Excel按钮,出现"打开"对话框。选择本案例提供的Excel数据文件"6.4 精品服装店业务报表-初始.xlsx",然后单击"打开"按钮,出现"导航器"对话框。

视频:
完成度分析与可视化

2. 新建列

在报表视图中,选中销售表,单击"主页"选项卡中的"新建列"按钮,在公式栏输入以下公式,然后按<回车>键保存。

$$单价 = RELATED('产品表'[单价])$$

$$金额 = '销售表'[数量]*'销售表'[单价]$$

3. 新建度量值

在报表视图中,选中销售表,单击"主页"选项卡中的"新建度量值"按钮,在公式栏输入以下公式,然后按<回车>键保存。

$$销售金额 = SUM('销售表'[金额])$$

$$销售数量 = SUM('销售表'[数量])$$

$$全年任务额 = SUM ('任务表'[任务额])$$

$$全年销售额 = CALCULATE([销售金额],FILTER(ALL('日期表'),'日期表'[年]="2024年"))$$

年度任务额完成率 =DIVIDE([全年销售额],[全年任务额])

6.4.2 完成度分析

1. 插入切片器

为显示不同年度的数据，需插入切片器，如图6-16所示设置切片器的属性。具体操作方法如章节6.1所示，此处不再重复。

图6-16 切片器设置

2. 插入卡片图

本报表页中，我们可以通过卡片图展示全年任务额和年度任务额完成率等关键数据。在操作之前，需要设置6.4.1章节中涉及的度量值。以展示全年任务额为例，单击"可视化"窗格中的"卡片图"按钮，如图6-17所示设置卡片图的属性，并调整卡片图的背景颜色、数据标签的文本大小。生成的卡片图，如图6-18所示。

图6-17 卡片图设置　　图6-18 生成全年任务额卡片图

3. 插入数值仪表图

完成度分析主要是展示销售金额与任务的对比情况及完成情况。本报表页中，我们可以通过数值仪表图来反映精品服装店的销售金额与全年任务额的对比情况。在完成上述任务后，单击"可视化"窗格中的"仪表"按钮，如图6-19所示设置数值仪表图的属性。生成的仪表图，如图6-20所示。

图6-19　仪表图设置

图6-20　生成全年完成度仪表图

复习与思考

(1) 如何计算费用增长率？

(2) 请从新浪财经官方网站上任意选取一家上市公司，下载并研究该公司财务数据，并使用Power BI对其财务数据进行可视化分析。

建议：可以从以下方面进行数据可视化分析

- 销售分析
- 应收账款分析
- 费用分析

参考文献

[1] 张文忠，胡静波. 基础会计学[M]. 大连：东北财经大学出版社，2015.

[2] 王群，杨公遂. 经济政策不确定性、会计稳健性与商业信用供给——基于应收账款的分析[J]. 财会通讯，2023(03)：27-30.

[3] 魏彦睿. 数学统计和企业销售分析[J]. 营销界，2021(Z3)：31-33.

[4] 刘宝太. 关于财务报表可视化分析应用的探讨[J]. 财会学习，2019(35)：28-29.

[5] 李婷婷. 企业成本费用管理与控制措施分析[J]. 现代营销(上旬刊)，2023(07)：7-9.

[6] 朱锴剑. 大数据下企业财务数据可视化的应用现状与趋势探析[J]. 中国总会计师，2023(05)：114-116.

[7] 黄宏志. 大数据背景下企业财务数据可视化的有效路径分析[J]. 中国产经，2023(18)：104-106.

[8] 虞琳. 浅谈大数据时代企业财务数据可视化的运用[J]. 财经界，2022(20)：98-100.

第 7 章　在线共享发布

【案例导入】

使用Power BI进行多人协作和共享，体验超高办公效率和准确性

版本控制这一难题很常见。例如在传统环境下，与同事一起做项目，并最终生成相同报表的多个版本(见图7-1)。通常在这些情况下，当你和同事编辑和更新报表时，就会跟不上最新版本的发展。

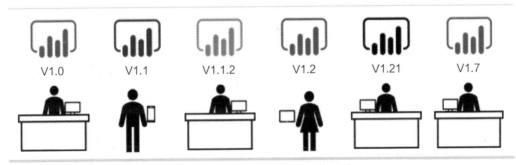

图7-1　传统环境下的多人协作场景

Power BI 可便于你和同事同时使用相同的仪表板和报表(见图7-2)，既简化了协作，又改进了结果。此外，当你和同事浏览数据并更改报表和仪表板时，也不会影响基础数据。

图7-2　Power BI环境下的多人协作场景

资料来源：修乎学堂. Power BI 权威学习指南[EB/OL].(2020-05-11). https://zhuanlan.zhihu.com/p/139670235.html.

7.1 分享与协作

借助Power BI的在线发布功能，企业可在面向公众的平台中嵌入交互式数据可视化效果，或通过电子邮件、社交媒体共享精彩的视觉对象。

7.1.1 了解Power BI在线服务

Power BI在线服务可以帮助用户实现无论何时、无论何地、无论何种数据类型、无论何种平台，都可以轻松地管理、维护、探索数据。

若用户已经拥有了一个Power BI服务账号(必须用公司邮箱注册)，并且根据一些数据制作了报表，那么登录Power BI官方网站就可以看到Power BI在线服务主界面。

Power BI在线服务主界面左侧的导航栏包括"收藏夹""最近""创建""数据集""应用""与我共享""了解""工作区""我的工作区""获取数据"等栏目。其中，"我的工作区"使用最为频繁。从Power BI Desktop发布到在线服务中的报表可以在"我的工作区"中查到。在"我的工作区"还可以创建仪表板，进行数据集管理等操作，如图7-3所示。

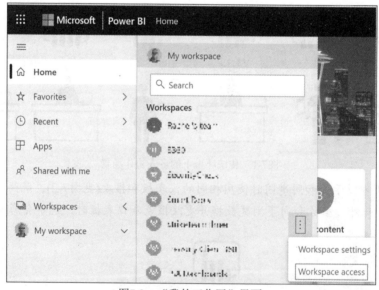

图7-3 "我的工作区"界面

7.1.2 在线发布报表

Power BI在线服务同样可以利用数据集进行在线报表的制作，包括数据获取与整理、数据建模与数据可视化，其应用体验与本地Power BI Desktop基本一致，但功能上没有Power BI Desktop强大。

一般情况下，用户在Power BI Desktop中将报表制作好，再发布到Power BI在线服务(即云端)中。此处不再讲解报表制作的过程，重点讲解Power BI在线服务的独特应用。

在Power BI Desktop中，打开"案例数据\项目七\1-在线服务-常见可视化图表.pbix"文件，单击窗口左侧的报表视图按钮。

执行"主页"→"共享"→"发布"命令，进入"发布到Power BI"界面，如图7-4所示。

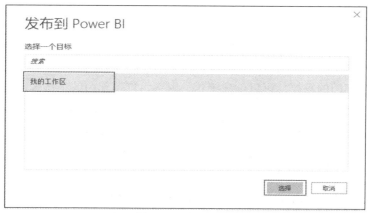

图7-4　选择工作区

选中"我的工作区"，单击"选择"按钮，发布成功后，如图7-5所示。

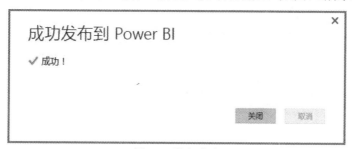

图7-5　发布成功

单击"在Power BI中打开'1-在线服务-常见可视化图表.pbix'"链接，在"我的工作区"中，即可查看已发布的可视化报表，如图7-6所示。

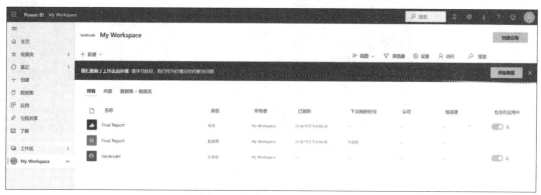

图7-6　查看"我的工作区"

选择"1-在线服务-常见可视化图表.pbix"，即可打开Power BI Desktop中制作的图表数据。

7.1.3 分享与协作

若需要把Power BI中创建的报表分享给其他人，可以通过Power BI在线服务，共享该报表。

1. 应用工作区

Power BI在线服务的"应用工作区"功能支持用户在仪表板、报表和数据集上与同事协作、分享。创建好工作区后，在Power BI Desktop创建的报表可以发布到Power BI在线服务的相应工作区中，有权限的用户可以访问该报表。

根据企业各部门的需要，可以创建销售、财务、IT等部门的工作区，每个工作区内都能管理相应的仪表板、报表、工作簿、数据集。相应的用户具备查看权限或编辑权限，这样可以更好地进行多用户的共享与协作。但是，"应用工作区"功能仅适用于有Power BI Pro许可证的用户。

2. 分享报表

Power BI有两种分享报表的方式：公开链接和生成QR码。

（1）公开链接：即将报表发布到Web上，直接登录网址即可浏览报表，没有权限控制。

以下介绍如何将报表发布到Web上，以便与他人分享与协作。

在Power BI在线服务的"我的工作区"中，打开"案例数据\项目七\1-在线服务-常见可视化图表.pbix"文件，执行"…"→"嵌入"→"发布到Web(公共)"命令，如图7-7所示。

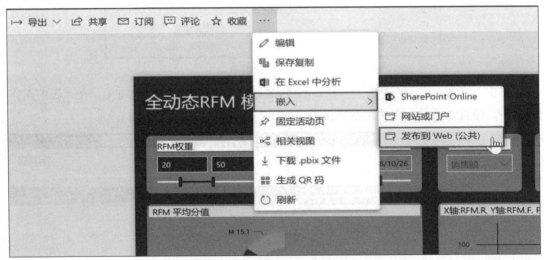

图7-7 "发布到Web(公共)"命令

在打开的"嵌入公共网站"窗口中，单击"创建嵌入代码"按钮，如图7-8所示。

第 7 章　在线共享发布 | 173

图7-8　创建嵌入代码

单击"复制"按钮，然后再单击"关闭"按钮，如图7-9所示。

图7-9　复制链接地址

将复制的链接地址粘贴到浏览器的地址栏中，即可在Web上查看报表。

(2) 生成QR码。在Power BI中，第二种分享报表的方法是生成QR码(一种二维码)。用户可以把生成的QR码打印出来，也可以放在电子邮件中进行分享。用户通过移动端扫描QR码，即可访问报表。采用这种方式分享的报表，用户必须有访问权限才可以浏览。

下面介绍通过QR码访问报表的方法。

在Power BI在线服务中，打开"案例数据\项目七\1-在线服务-常见可视化图表.pbix"文件，执行"共享"→"生成QR码"命令，如图7-10所示。

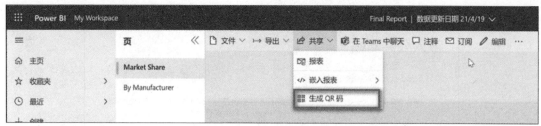

图7-10　"生成QR码"命令

自动生成的QR码，如图7-11所示。

图7-11　生成的QR码

7.2 移动应用

可视化报表被发布到Power BI在线服务后，用户即可在手机端Power BI App中查看。

7.2.1 设计报表手机布局

报表的默认样式与PC端制作的报表样式一样。默认的报表样式由于在一页内显示内容较多，不方便在手机端查看，因此，用户可以从已经制作好的报表对象中选择关键的、主要的报表对象放入手机端显示。

以下介绍如何将条形图的所有可视化对象放入手机端布局中。

在Power BI Desktop中，打开"案例数据\项目七\1-在线服务-常见可视化图表.pbix"文件，单击窗口左侧的报表视图按钮 ，然后执行"视图"→"移动布局"命令，如图7-12所示。

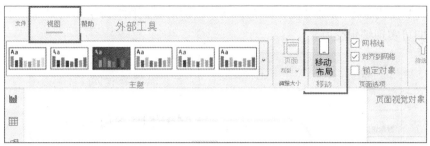

图7-12 "移动布局"命令

在打开的画布上,根据需要,将条形图中所有可视化对象拖曳到手机画布中,并调整到相应的位置和大小,如图7-13所示。

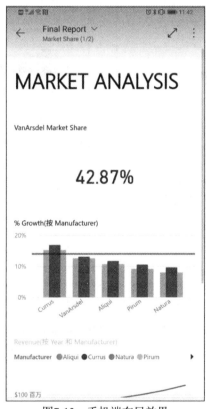

图7-13 手机端布局效果

将制作的可视化报表文件"1-在线服务-常见可视化图表.pbix"再次保存,并重新发布到Power BI在线服务中。

7.2.2 报表移动应用

用Power BI账号登录Power BI App,即可查看移动端(手机或平板电脑)可视化分析报表。手机端报表同样可以进行编辑交互。

以下介绍如何在手机端查看报表数据。

在手机上打开Power BI App,单击"工作区"按钮,如图7-14所示。

选择"1-在线服务-常见可视化图表.pbix",即可看到图7-15所示的界面。手机端的可视化对象即可实现编辑交互。

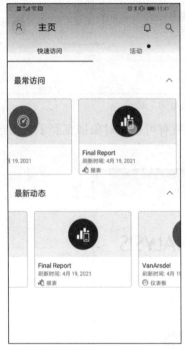

图7-14 工作区列表

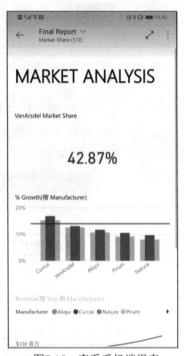

图7-15 查看手机端报表

复习与思考

1. 将数据可视化结果发布到Power BI在线服务上。
2. 设计手机端报表布局,并在Power BI App中查看报表。

参考文献

[1] 夏帮贵. Power BI数据分析与数据可视化[M]. 北京:人民邮电出版社,2019.
[2] 李杰臣,牟恩静. 商业智能:从Excel到Power BI的数据可视化(动态图表篇)[M]. 北京:机械工业出版社,2019.
[3] 汪玉林. 基于Power BI的制造企业财务分析可视化的问题研究[D]. 上海:上海大学,2021.
[4] 贾云斌. 数据分析利器Power BI之可视化图表的应用[J]. 电脑编程技巧与维护,2019(03):71-73.
[5] 孙一星. 基于Powek BI的企业交互式可视化业务分析系统的设计与实现——以T公司为例[J]. 中国港口,2019(02):56-61.